Conteúdo digital exclusivo!

Cadastre-se e transforme seus estudos em uma experiência única de aprendizado!

Acesse agora

Portal:
www.editoradobrasil.com.br/crescer

Código de aluno:
3329620A2640622

Lembre-se de que esse código é pessoal e intransferível. Guarde-o com cuidado, pois é a única forma de você utilizar os conteúdos do portal.

Priscila Ramos de Azevedo

CRESCER

Língua Portuguesa

1º ano

Dados Internacionais de Catalogação na Publicação (CIP)
(Câmara Brasileira do Livro, SP, Brasil)

Azevedo, Priscila Ramos de
 Crescer língua portuguesa, 1º ano / Priscila Ramos de Azevedo. – 1. ed. – São Paulo: Editora do Brasil, 2018. – (Coleção crescer)

 Bibliografia.
 ISBN 978-85-10-06800-0 (aluno)
 ISBN 978-85-10-06801-7 (professor)

 1. Português (Ensino fundamental) I. Título. II. Série.

18-15483 CDD-372.6

Índices para catálogo sistemático:
1. Português: Ensino fundamental 372.6
Maria Alice Ferreira – Bibliotecária – CRB-8/7964

1ª edição / 1ª impressão, 2018
Impresso no Parque Gráfico da Editora FTD

Rua Conselheiro Nébias, 887
São Paulo, SP – CEP 01203-001
Fone: +55 11 3226-0211
www.editoradobrasil.com.br

© Editora do Brasil S.A., 2018
Todos os direitos reservados

Direção-geral: Vicente Tortamano Avanso

Direção editorial: Felipe Ramos Poletti
Gerência editorial: Erika Caldin
Coordenação de arte: Cida Alves
Supervisão de revisão: Dora Helena Feres
Supervisão de iconografia: Léo Burgos
Supervisão de digital: Ethel Shuña Queiroz
Supervisão de controle de processos editoriais: Marta Dias Portero
Supervisão de direitos autorais: Marilisa Bertolone Mendes

Supervisão editorial: Selma Corrêa
Coordenação pedagógica: Maria Cecília Mendes de Almeida
Consultoria técnico-pedagógica: Maria Otília Ninin
Edição: Camila Gutierrez, Daisy Asmuz e Maria Helena Ramos Lopes
Assistência editorial: Eloise Melero e Lígia Gurgel do Nascimento
Coordenação de revisão: Otacilio Palareti
Copidesque: Gisella Costa, Ricardo Liberal, Sylmara Beletti
Revisão: Andréia Andrade, Elaine Cristina da Silva e Maria Alice Gonçalves
Pesquisa iconográfica: Priscila Ferraz e Tatiana Lubarino
Assistência de arte: Samira Souza
Design gráfico: Andrea Melo
Capa: Megalo Design e Patrícia Lino
Imagem de capa: Fernando Vilela
Ilustrações: Claudia Marianno, Clara Gavilan, DAE (Departamento de Arte e Editoração), Edson Farias, Francis Ortolan, Juliana Basile Dias, Lie Nobusa, Lucas Busatto, Rodrigo Arraya, Sandra Lavandeira e Susan Morisse
Coordenação de editoração eletrônica: Abdonildo José de Lima Santos
Editoração eletrônica: Select Editoração
Licenciamentos de textos: Cinthya Utiyama, Jennifer Xavier, Paula Harue e Renata Garbellini
Controle de processos editoriais: Bruna Alves, Carlos Nunes, Jefferson Galdino, Rafael Machado e Stephanie Paparella

QUERIDO ALUNO,

VOCÊ ESTÁ COMEÇANDO MAIS UMA ETAPA, UM NOVO ANO QUE PROMETE MUITAS DESCOBERTAS, MUITO APRENDIZADO.

FOI PENSANDO EM VOCÊ QUE SELECIONAMOS OS TEXTOS, CRIAMOS AS ATIVIDADES, ELABORAMOS NOVAS PROPOSTAS E DESAFIOS PARA IR ALÉM. ESSE É O MOVIMENTO DO APRENDIZADO. É PRECISO CRESCER, COMO ALUNO E COMO PESSOA.

VOCÊ VAI LER, ESCREVER, DAR E OUVIR OPINIÕES E, COM CERTEZA, DESCOBRIR QUE PODE APRENDER MUITO MAIS DO QUE IMAGINAVA.

ESPERAMOS QUE SEU APRENDIZADO COM OS COLEGAS E COM O PROFESSOR SEJA RICO E PRAZEROSO.

A AUTORA

SUMÁRIO

UNIDADE 1
QUEM VAI AO PASSEIO?... 7
- **LEITURA 1** – LISTAS DE PARTICIPANTES DO PASSEIO ... 10
- **ESTUDO DO TEXTO** 11
- **ORALIDADE** – QUEM SOU EU? QUEM É QUEM? 12
- **PAUSA PARA BRINCAR** – BRINCANDO COM O CRACHÁ 13
  BRINCANDO COM OS NOMES ... 14
- **ESTUDO DA ESCRITA**
  AS LETRAS 15
  O ALFABETO 17
- **LEITURA 2** – LISTA DE CHAMADA ESCOLAR 19
- **ESTUDO DO TEXTO** 20
- **ESTUDO DA ESCRITA**
  VOGAIS E CONSOANTES 21
  ORDEM ALFABÉTICA 24
- **PRODUÇÃO DE TEXTO** – LISTA DE NOMES DA TURMA 26
- **OUTRA LEITURA** – *LISTAS FABULOSAS*, EVA FURNARI ... 28
- **RETOMADA** 30
- **CONSTRUIR UM MUNDO MELHOR** – LISTA DE COMBINADOS DA TURMA 32
- **PERISCÓPIO** 34

UNIDADE 2
VOCÊ ADIVINHA? 35
- **LEITURA 1** – ADIVINHAS 37
  ESTUDO DO TEXTO 38
- **PAUSA PARA BRINCAR** – O QUE É, O QUE É? 40
- **ESTUDO DA ESCRITA**
  A LETRA **T** 41
- **LEITURA 2** – ADIVINHAS, FÁBIO SOMBRA 44
- **ESTUDO DO TEXTO** 45
- **ESTUDO DA ESCRITA**
  A LETRA **M** 46
- **JOGO DE PALAVRAS** 48
- **ORALIDADE** – CAMPEONATO DE ADIVINHAS 49
- **PRODUÇÃO DE TEXTO** – ADIVINHAS 50
- **OUTRA LEITURA** – *ADIVINHA SÓ!*, ROSINHA 52
- **RETOMADA** 54
- **PERISCÓPIO** 56

UNIDADE 3
QUANTAS CANTIGAS! 57
- **LEITURA 1** – *RODA, PIÃO* 60
- **ESTUDO DO TEXTO** 61
- **PAUSA PARA BRINCAR** – CIRANDA, CIRANDINHA 62
- **ESTUDO DA ESCRITA**
  A LETRA **P** 63
- **JOGO DE PALAVRAS** 67
- **LEITURA 2** – *A CANOA* 68
- **ESTUDO DO TEXTO** 70
- **ESTUDO DA ESCRITA**
  A LETRA **C** 72
- **JOGO DE PALAVRAS** 77
- **PAUSA PARA BRINCAR** – INSTRUMENTO DE PERCUSSÃO 78
- **ORALIDADE** – DICAS PARA UMA BOA APRESENTAÇÃO ... 80

ILUSTRAÇÕES: CLAUDIA MARIANNO

GIRAMUNDO – APRESENTAÇÃO DE CANTIGA 81
PRODUÇÃO DE TEXTO – CANTIGA 83
OUTRA LEITURA – *É MENTIRA DA BARATA?*, LEO CUNHA 86
RETOMADA 88
CONSTRUIR UM MUNDO MELHOR – DE GERAÇÃO EM GERAÇÃO 90
PERISCÓPIO 92

UNIDADE 4
CLIQUE E EXPLIQUE 93
LEITURA 1 – FOTOLEGENDAS, HAROLDO CASTRO 95
ESTUDO DO TEXTO 98
JOGO DE PALAVRAS 100
ESTUDO DA ESCRITA – A LETRA **B** 101
LEITURA 2 – FOTOLEGENDA ... 104
ESTUDO DO TEXTO 106
ESTUDO DA ESCRITA – A LETRA **D** 107
PAUSA PARA BRINCAR – QUEBRA-CABEÇA 110
ORALIDADE – LIVRO FALADO 111
PRODUÇÃO DE TEXTO – FOTOLEGENDA 112
OUTRA LEITURA – *A ÁRVORE DE CABEÇA PARA BAIXO*, HELOISA PIRES LIMA 114
RETOMADA 116
PERISCÓPIO 118

UNIDADE 5
VERSOS PARA RECITAR .. 119
LEITURA 1 – QUADRINHAS 122
ESTUDO DO TEXTO 123
ESTUDO DA ESCRITA
A LETRA **F** 125
A LETRA **J** 127
PAUSA PARA BRINCAR – CAÇA-RIMAS 129
LEITURA 2 – QUADRINHAS 130
ESTUDO DO TEXTO 131
ESTUDO DA ESCRITA
A LETRA **V** 132
A LETRA **Q** 133
PRODUÇÃO DE TEXTO – QUADRINHA 135
ORALIDADE – RECITAL DE QUADRINHAS 139
OUTRA LEITURA – *CINCO TROVINHAS PARA DUAS MÃOZINHAS*, TATIANA BELINKY 140
RETOMADA 142
PERISCÓPIO 144

UNIDADE 6
QUADRINHOS QUE CONTAM HISTÓRIAS 145
LEITURA 1 – *MAGALI*, MAURICIO DE SOUSA 147
ESTUDO DO TEXTO 148
ESTUDO DA ESCRITA – A LETRA **L** 152
JOGO DE PALAVRAS 154
LEITURA 2 – *SAPOSSAURO*, IVAN ZIGG 156
ESTUDO DO TEXTO 157
ESTUDO DA ESCRITA – A LETRA **S** 160
PAUSA PARA BRINCAR – JOGO DA MEMÓRIA 162

ORALIDADE – CONSTRUÇÃO ORAL DA HISTÓRIA 163
PRODUÇÃO DE TEXTO – ORDENAÇÃO DE QUADRINHOS 166
OUTRA LEITURA – *O SAPO E O BOI*, JEAN DE LA FONTAINE 168
RETOMADA 170
CONSTRUIR UM MUNDO MELHOR – A RECICLAGEM FAZ BEM AO MEIO AMBIENTE 172
PERISCÓPIO 174

UNIDADE 7
PEQUENAS MENSAGENS 175
LEITURA 1 – BILHETES 178
ESTUDO DO TEXTO 179
PAUSA PARA BRINCAR – TELEFONE SEM FIO 181
GIRAMUNDO – PRODUÇÃO DE BRINQUEDO 182
ESTUDO DA ESCRITA – A LETRA **N** 183
LEITURA 2 – BILHETES 185
ESTUDO DO TEXTO 186
ESTUDO DA ESCRITA
A LETRA **X** 188
A LETRA **Z** 189
JOGO DE PALAVRAS 191
ORALIDADE – MENSAGEM DE VOZ 192
PRODUÇÃO DE TEXTO – BILHETE: DIA DO BRINQUEDO 193
OUTRA LEITURA – *O MENINO, O BILHETE E O VENTO*, ANA CRISTINA MELO 194
RETOMADA 198

CONSTRUIR UM MUNDO MELHOR – HISTÓRIAS DE MUITOS ANOS 200
PERISCÓPIO 202

UNIDADE 8
ERA UMA VEZ... 203
LEITURA 1 – *CHAPEUZINHO VERMELHO* – PARTE 1, JACOB E WILHELM GRIMM 205
ESTUDO DO TEXTO 209
ESTUDO DA ESCRITA – A LETRA **G** 213
USO DE LETRA MAIÚSCULA ... 215
LEITURA 2 – *CHAPEUZINHO VERMELHO* – PARTE 2, JACOB E WILHELM GRIMM 216
ESTUDO DO TEXTO 219
ESTUDO DA ESCRITA
A LETRA **R** 221
A LETRA **H** 225
ORALIDADE – RECONTO ORAL 227
PRODUÇÃO DE TEXTO – ESCRITA COLETIVA DE UM NOVO FINAL PARA A HISTÓRIA 228
OUTRA LEITURA – RAPUNZEL 230
RETOMADA 234
PERISCÓPIO 236

REFERÊNCIAS 237
MATERIAL COMPLEMENTAR ... 239

ILUSTRAÇÕES: CLAUDIA MARIANNO

UNIDADE 1
QUEM VAI AO PASSEIO?

1. RECORTE AS ETIQUETAS DO **MATERIAL COMPLEMENTAR** DA PÁGINA 239. SOMENTE OS NOMES COLE NA CENA.

ANTES DE LER

1. OBSERVE AS FOTOGRAFIAS E CONVERSE COM OS COLEGAS.

- O QUE O MENINO ESTÁ LENDO?

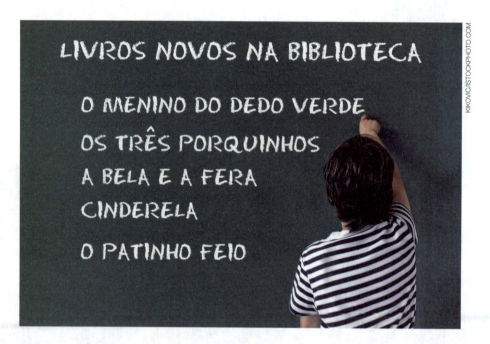

- VOCÊ IMAGINA O QUE ESTÁ ESCRITO NA LISTA DAS MERENDEIRAS?

- O QUE SERÁ QUE ESTÁ ESCRITO NO CADERNO QUE O RAPAZ ESTÁ SEGURANDO? ONDE VOCÊ ACHA QUE O RAPAZ ESTÁ?

- POR QUE OS JOVENS ESTÃO FELIZES? O QUE SERÁ QUE ESTÁ ESCRITO NAS FOLHAS COLOCADAS NA PAREDE DA FACULDADE?

LEITURA 1

VEJA DUAS LISTAS DO PASSEIO DA ESCOLA.
O QUE VOCÊ ACHA QUE ESTÁ ESCRITO NELAS?

LISTAS DE PARTICIPANTES DO PASSEIO

1º ANO A	1º ANO B
JULIANA	MATEUS
EDUARDO	ISABELA
ALICE	ARTUR
GIOVANA	JOÃO
LAURA	GABRIELA
VINICIUS	DIEGO
HENRIQUE	DIANA
CAROLINA	EDUARDA
ANA	PEDRO
HAYAN	
CAIO	

 **ESTUDO DO TEXTO**

1. POR QUE FORAM FEITAS DUAS LISTAS? CONVERSE COM OS COLEGAS.

2. QUANTOS NOMES DE MENINA HÁ NAS LISTAS? E DE MENINO? ANOTE A QUANTIDADE NOS QUADRINHOS.

    ☐ NOMES DE MENINO

    ☐ NOMES DE MENINA

3. MARQUE A MELHOR RESPOSTA.
   NAS LISTAS DE PARTICIPANTES DO PASSEIO:

    ☐ HÁ MAIS MENINOS DO QUE MENINAS.

    ☐ HÁ O MESMO NÚMERO DE MENINOS E MENINAS.

4. OBSERVE O NOME DOS ALUNOS DO 1º ANO B.

- COMO ESSES NOMES FORAM ORGANIZADOS?

ORALIDADE

QUEM SOU EU? QUEM É QUEM?

ESCREVA SEU NOME EM UMA ETIQUETA USANDO CANETINHA DE SUA COR PREFERIDA. DEPOIS, APRESENTE-SE À TURMA.

1. FORME UMA RODA COM OS COLEGAS. UM DE CADA VEZ DEVE SE APRESENTAR.
2. ESCUTE OS COLEGAS COM ATENÇÃO.
3. EM SUA VEZ, DIGA SEU NOME E MOSTRE SUA ETIQUETA.
4. CONTE A ELES O NOME DE SUA COR PREFERIDA E DA BRINCADEIRA DE QUE MAIS GOSTA.

PAUSA PARA BRINCAR

BRINCANDO COM O CRACHÁ

1. RECORTE O CRACHÁ DO **MATERIAL COMPLEMENTAR** DA PÁGINA 239.
2. RECORTE O ALFABETO MÓVEL DO **MATERIAL COMPLEMENTAR** DAS PÁGINAS 241 E 243.
3. FORME SEU NOME USANDO O ALFABETO MÓVEL. DEPOIS, COPIE-O NO CRACHÁ.
4. ENTREGUE SEU CRACHÁ AO PROFESSOR.
5. O PROFESSOR VAI EMBARALHAR TODOS OS CRACHÁS E DEPOIS ENTREGAR UM CRACHÁ PARA CADA ALUNO.
6. DEVOLVA O CRACHÁ AO DONO.
7. QUANDO RECEBER SEU CRACHÁ, COLE UMA FOTOGRAFIA SUA OU FAÇA UM DESENHO DE COMO VOCÊ É.
8. COLOQUE SEU CRACHÁ SOBRE A CARTEIRA PARA QUE TODOS APRENDAM SEU NOME.

BRINCANDO COM OS NOMES

1. O PROFESSOR ESCOLHE UM ALUNO PARA COMEÇAR.
2. O ALUNO ESCOLHIDO DIZ O PRÓPRIO NOME E JOGA A BOLA PARA UM COLEGA.
3. O COLEGA QUE RECEBER A BOLA DIZ O PRÓPRIO NOME E JOGA A BOLA PARA OUTRO.
4. DEPOIS QUE TODOS DISSEREM O PRÓPRIO NOME, A BRINCADEIRA RECOMEÇA.
5. DESSA VEZ, O ALUNO ESCOLHIDO PELO PROFESSOR DEVERÁ JOGAR A BOLA E DIZER O NOME DO COLEGA QUE VAI RECEBÊ-LA.

ESTUDO DA ESCRITA

AS LETRAS

1. ESCREVA ALGUMAS LETRAS QUE VOCÊ JÁ CONHECE.

- MOSTRE A UM COLEGA AS LETRAS QUE VOCÊ ESCREVEU.
- VOCÊS CONHECEM AS MESMAS LETRAS?

2. UTILIZE AS ETIQUETAS DO **MATERIAL COMPLEMENTAR** DA PÁGINA 239 QUE VOCÊ GUARDOU. COLE-AS NOS QUADROS CERTOS.

LETRAS

NÚMEROS

DESENHOS

15

3. DETETIVE! DESCUBRA QUAIS SÃO AS LETRAS E CIRCULE-AS.

4. ENCONTRE AS PLACAS DE TRÂNSITO NA FOTOGRAFIA.

RUA NO CENTRO DE SÃO PAULO, CAPITAL, 2016.

- VOCÊ SABE O QUE SIGNIFICA A PLACA QUE MOSTRA UMA LETRA?
- O QUE INDICA A PLACA QUE CONTÉM UM DESENHO?

> PARA ESCREVER SEU NOME, O DOS COLEGAS E TODAS AS PALAVRAS USAMOS AS **LETRAS**.

O ALFABETO

O QUE OS QUADROS APRESENTAM?
VOCÊ SABE QUAL É A DIFERENÇA ENTRE O PRIMEIRO QUADRO E O SEGUNDO?
RECITE O ALFABETO COM O PROFESSOR E OS COLEGAS.

ALFABETO MAIÚSCULO

A	B	C	D
E	F	G	H
I	J	K	L
M	N	O	P
Q	R	S	T
U	V	W	X
Y	Z		

alfabeto minúsculo

a	b	c	d
e	f	g	h
i	j	k	l
m	n	o	p
q	r	s	t
u	v	w	x
y	z		

ALFABETO É O CONJUNTO DAS LETRAS QUE USAMOS PARA ESCREVER AS PALAVRAS.

1. FORME NOVAMENTE SEU NOME NA CARTEIRA COM AS LETRAS DO ALFABETO MÓVEL.

2. PINTE AS LETRAS DE SEU NOME.

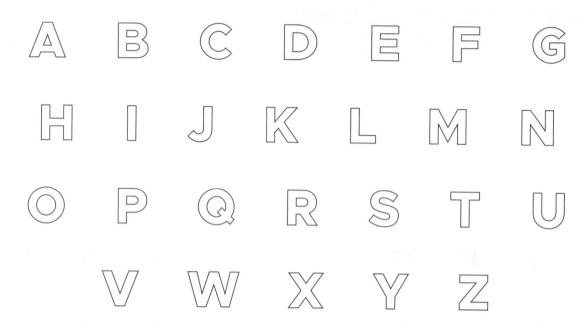

- VOCÊ SABE O NOME DAS LETRAS QUE PINTOU? DIGA EM VOZ ALTA PARA UM COLEGA.

3. ESCREVA SEU NOME. USE UM QUADRINHO PARA CADA LETRA.

- HÁ LETRAS REPETIDAS EM SEU NOME? SE HOUVER, PINTE-AS.
- PARA ESCREVER SEU NOME, AS LETRAS PODEM ESTAR EM QUALQUER ORDEM?

4. SENTE-SE COM UM COLEGA E COMPARE A ESCRITA DE SEU NOME COM A DO NOME DELE. QUAL TEM MAIS LETRAS?

LEITURA 2

OBSERVE UMA LISTA DE CHAMADA ESCOLAR.
VOCÊ SABE PARA QUE ELA SERVE?
POR QUE SERÁ QUE O NOME **ANA** É O PRIMEIRO DESTA LISTA?

NA LISTA DE CHAMADA ESCOLAR HÁ UMA SEQUÊNCIA DE NOMES.

A LISTA DE CHAMADA ESCOLAR REGISTRA QUEM PARTICIPOU DA AULA E QUEM FALTOU.

LISTA DE CHAMADA ESCOLAR

NÚMERO	NOME DO ALUNO	DIAS				
		1	2	3	4	5
1	ANA SILVA	•	•	•	•	F
2	CAMILA SOUZA CAMPOS	F	•	•	•	•
3		•	•	•	•	•
4	EVA COSTA FREITAS	•	•	•	•	•
5	FÁBIO OLIVEIRA CARDOSO	•	•	•	•	•
6	IARA SANTOS ROCHA	•	•	•	•	•
7	JULIANO PEREIRA MENDES	F	•	•	•	•
8	OLAVO GOMES CARVALHO	•	•	•	•	•
9	UÍLTON RODRIGUES	•	•	•	•	•
10						

CADA ALUNO TEM UM NÚMERO NA LISTA DE CHAMADA ESCOLAR.

ESTUDO DO TEXTO

1. RETIRE DA LISTA DE CHAMADA ESCOLAR UM NOME DE MENINO E UM NOME DE MENINA.

☐ ☐

2. COMPLETE A LISTA COM OS NOMES ABAIXO.

DÊNIS DIAS   ZULMIRA RIBEIRO

- DÊNIS NÃO TEM NENHUMA FALTA.
- ZULMIRA É ALUNA NOVA E AINDA NÃO PARTICIPOU DAS AULAS.

3. COPIE O NOME DOS ALUNOS QUE JÁ FALTARAM À AULA.

☐ ☐ ☐

4. MARQUE A RESPOSTA ADEQUADA.
NA LISTA DE CHAMADA ESCOLAR APARECEM NÚMEROS. OS NÚMEROS AO LADO DOS NOMES:

☐ INDICAM O LUGAR QUE OS ALUNOS DEVEM OCUPAR NA FILA.

☐ SERVEM PARA IDENTIFICAR CADA ALUNO, QUE PODE SER CHAMADO PELO PRÓPRIO NOME OU PELO NÚMERO.

☐ INDICAM QUEM CHEGOU PRIMEIRO À ESCOLA.

VOGAIS E CONSOANTES

1. CIRCULE A PRIMEIRA LETRA DE CADA NOME.

2. ESCREVA AS LETRAS QUE VOCÊ CIRCULOU NA ATIVIDADE 1. FALE O NOME DE CADA LETRA.

☐ ☐ ☐ ☐ ☐

> AS LETRAS QUE VOCÊ ESCREVEU E NOMEOU SÃO CHAMADAS DE **VOGAIS**.

3. ESCREVA SEU NOME E CIRCULE AS VOGAIS.

_____

4. QUAIS LETRAS DE SEU NOME NÃO FORAM CIRCULADAS?

_____

> AS LETRAS QUE VOCÊ NÃO CIRCULOU SÃO CHAMADAS DE **CONSOANTES**.
> AS CONSOANTES SÃO: **B, C, D, F, G, H, J, K, L, M, N, P, Q, R, S, T, V, W, X, Y, Z**.

5. AGORA QUE VOCÊ JÁ CONHECE O ALFABETO, RESPONDA:

- QUANTAS VOGAIS EXISTEM EM NOSSO ALFABETO? ☐

- E QUANTAS SÃO AS CONSOANTES? ☐

- E QUAL É O TOTAL DE LETRAS DE NOSSO ALFABETO? ☐

6. O PROFESSOR VAI ESCREVER NA LOUSA O NOME DOS ALUNOS. DIGA SEU NOME.

- COPIE OS NOMES QUE COMEÇAM COM VOGAL.

_____

_____

_____

_____

_____

- COM QUE LETRA COMEÇA CADA UM DOS NOMES QUE VOCÊ NÃO COPIOU? ESCREVA-AS.

_____

- VOCÊ CONHECE OUTROS NOMES QUE COMEÇAM COM VOGAL? CONTE AOS COLEGAS.

7. ESCUTE AS LETRAS QUE O PROFESSOR VAI DITAR E ESCREVA-AS.

_____

_____

- CIRCULE AS VOGAIS.
- SUBLINHE AS CONSOANTES.

8. COMPLETE O ALFABETO COM AS LETRAS QUE FALTAM.

A B C D ☐ F G H I ☐ K L M N

☐ P Q R ☐ T U V W ☐ Y Z

9. LEIA O NOME DAS CRIANÇAS QUE APARECEM NAS FOTOGRAFIAS.

KAUÃ   WALTER   YARA

- CIRCULE A PRIMEIRA LETRA DE CADA NOME ACIMA.
- QUE OUTROS NOMES OU PALAVRAS SÃO ESCRITOS COM ESSAS LETRAS?

_____

_____

ORDEM ALFABÉTICA

1. RECITE O ALFABETO NA ORDEM DAS LETRAS.

A B C D E F G H I J K L M N
O P Q R S T U V W X Y Z

2. COM OS COLEGAS, ESCREVA UMA LISTA DE NOMES DE PERSONAGENS QUE VOCÊS CONHECEM. UTILIZE A PRIMEIRA COLUNA.

3. CIRCULE NO ALFABETO DA ATIVIDADE 1 A PRIMEIRA LETRA DE CADA NOME DA LISTA.

4. VOLTE À ATIVIDADE 2. REESCREVA OS NOMES DOS PERSONAGENS NA SEQUÊNCIA EM QUE A PRIMEIRA LETRA APARECE NO ALFABETO. USE A SEGUNDA COLUNA.

> A SEQUÊNCIA EM QUE AS LETRAS DO ALFABETO SÃO APRESENTADAS É CHAMADA DE **ORDEM ALFABÉTICA**.

5. ESCREVA A PRIMEIRA LETRA DE CADA NOME.

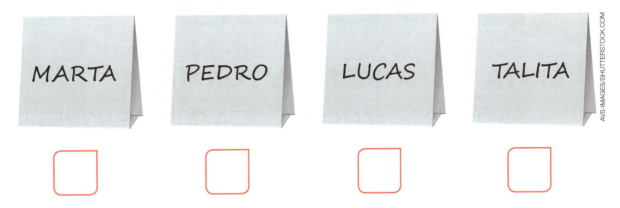

- ESCREVA OS NOMES EM ORDEM ALFABÉTICA.

6. COMPLETE OS ESPAÇOS E DESCUBRA UM NOME.

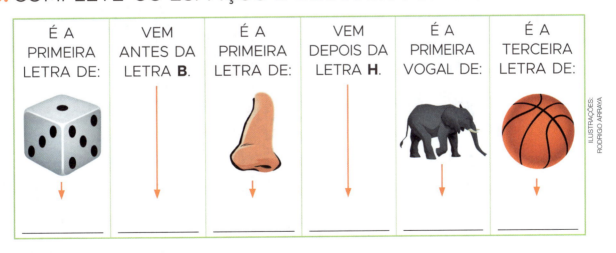

- FALE O NOME DE CADA LETRA. DEPOIS, LEIA O NOME QUE VOCÊ DESCOBRIU.

PRODUÇÃO DE TEXTO

LISTA DE NOMES DA TURMA

VAMOS ORGANIZAR UMA LISTA COM OS NOMES DA TURMA PARA EXPOR NA SALA DE AULA?

VOCÊ PODERÁ CONSULTÁ-LA QUANDO QUISER ESCREVER O NOME DE ALGUÉM.

PLANEJAMENTO

REÚNA-SE COM OS COLEGAS QUE TENHAM A MESMA LETRA INICIAL DE SEU NOME.

COLOQUEM OS CRACHÁS DO GRUPO SOBRE A MESA, UM EMBAIXO DO OUTRO. VEJAM SE TODOS COMEÇAM COM A MESMA LETRA.

SE ALGUM CRACHÁ TIVER LETRA INICIAL DIFERENTE, OBSERVEM SE ELE DEVE SER COLOCADO NO INÍCIO OU NO FINAL DA LISTA.

ESCRITA

O PROFESSOR VAI ESCREVER O NOME DE UM ALUNO DE CADA VEZ EM UM CARTAZ. OS NOMES INICIADOS PELA LETRA **A** SERÃO OS PRIMEIROS.

AGORA SERÁ A VEZ DA LETRA **B**, DEPOIS DA LETRA **C**, E ASSIM POR DIANTE, ATÉ O FINAL DO ALFABETO.

OS NOMES DA LISTA SERÃO NUMERADOS.

A LISTA SERÁ EXPOSTA EM LUGAR BEM VISÍVEL DA SALA DE AULA.

AVALIAÇÃO

OBSERVE A LISTA, CONVERSE COM OS COLEGAS E RESPONDA:

- QUANTOS ALUNOS HÁ NA TURMA?

_____

- A LISTA ESTÁ EM ORDEM ALFABÉTICA?

_____

- OS NOMES FORAM ESCRITOS UM EMBAIXO DO OUTRO?

_____

- HÁ NOMES REPETIDOS?

_____

- AS LETRAS DE SEU NOME APARECEM NO NOME DE OUTROS COLEGAS?

_____

OUTRA LEITURA

GRÔMIO, O PERSONAGEM DA HISTÓRIA QUE VOCÊ VAI OUVIR, GOSTAVA TANTO DE LISTAS QUE FUNDOU O CLUBE DAS LISTAS. MAS ELE ERA O ÚNICO SÓCIO E PRECISAVA RESOLVER ESSE PROBLEMA. O QUE VOCÊ ACHA QUE ELE FEZ?

LISTAS FABULOSAS

[...] GRÔMIO TEVE UMA IDEIA MUITO SIMPLES PARA RESOLVER ESSE PROBLEMA. COLOCOU UM ANÚNCIO NO JORNAL CONVIDANDO AS PESSOAS DA CIDADE A ENTRAR NO CLUBE.

SE VOCÊ TEM MANIA DE FAZER LISTAS, VENHA VISITAR O CLUBE DAS LISTAS NA RUA DO MUXOXO, Nº 5, NO DOMINGO, ÀS 17 HORAS. BASTA TRAZER SUA LISTA PREFERIDA PARA VIRAR SÓCIO.

NO DOMINGO, GRÔMIO ACORDOU PREOCUPADO. E SE NÃO APARECESSE NINGUÉM? FEZ UMA LISTA DE QUATRO ITENS PARA SE ACALMAR.

1. CONVERSAR COM O GATO.
2. CORTAR AS UNHAS DOS PÉS.
3. CONTAR OS INSETOS DAS PLANTAS DO JARDIM.
4. CONFERIR MINHA COLEÇÃO DE PASSARINHOS MECÂNICOS.

ÀS CINCO DA TARDE, ELE SUSPIROU DE ALÍVIO: APARECEU UMA CANDIDATA, A NUSKA. EM SEGUIDA VIERAM MAIS ONZE: O XULINHO, O DR. UG E A DRA. UGA, A MOILA, O ZOVO, A LISLIA, A DÁRDARA, A OLFA, O ÁSMIO, A FARGA E A LEUCA. TODOS ELES LOUCOS POR LISTAS.

NESSA NOITE GRÔMIO DORMIU FELIZ E TEVE SONHOS FABULOSOS.

OS TREZE SÓCIOS PASSARAM A SE ENCONTRAR TODOS OS DOMINGOS NA GARAGEM. LÁ ELES CONVERSAVAM SOBRE SUAS LISTAS E TOMAVAM CHÁ COM BISCOITOS CROCANTES.

[...]

EVA FURNARI. *LISTAS FABULOSAS*. SÃO PAULO: MODERNA, 2013. P. 6-7. (SÉRIE MIOLO MOLE).

- O QUE VOCÊ ESCREVERIA EM UMA LISTA DE ITENS PARA SE ACALMAR?
- FAÇA DE CONTA QUE VOCÊ TAMBÉM VAI SER SÓCIO DO CLUBE DAS LISTAS. QUAL SERIA SUA LISTA PREFERIDA?

RETOMADA

1. VOCÊ SABE QUE LISTA É ESTA? VOCÊ JÁ VIU UMA PARECIDA? ONDE?

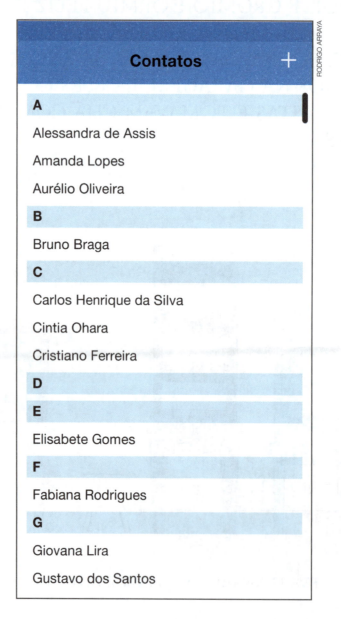

- ALÉM DOS NOMES, QUE OUTROS ELEMENTOS APARECEM NESSA LISTA?
- EM QUE ORDEM AS LETRAS APARECEM NA LISTA?
- POR QUE VOCÊ ACHA QUE OS CONTATOS ESTÃO ORGANIZADOS NESSA ORDEM?

2. OBSERVE AS IMAGENS E NUMERE-AS DE ACORDO COM A LEGENDA.

1 LISTA DE MATERIAL ESCOLAR

2 LISTA DE COMPRAS

3 LISTA DE CONVIDADOS

ARROZ CAFÉ SABONETE XAMPU FEIJÃO	CADERNO LÁPIS COLA ESTOJO TESOURA BORRACHA GIZ	FÊ DUDU TECA ANINHA ISA JOÃO LEO

3. VAMOS FAZER UMA LISTA COM O NOME DE TODOS OS FUNCIONÁRIOS DA ESCOLA?

- FORMEM PEQUENOS GRUPOS. CADA GRUPO VAI VISITAR UM ESPAÇO DA ESCOLA.
- LEVEM PAPEL E LÁPIS. PEÇAM A CADA FUNCIONÁRIO QUE ESCREVA O PRÓPRIO NOME.
- ORGANIZEM UMA GRANDE LISTA COM OS NOMES QUE OS GRUPOS RECOLHERAM E A EXPONHAM NO MURAL DA SALA DE AULA.

4. ESCREVA EM ORDEM ALFABÉTICA O NOME DOS 13 SÓCIOS DO CLUBE DAS LISTAS.

_____

_____

CONSTRUIR UM MUNDO MELHOR

LISTA DE COMBINADOS DA TURMA

VAMOS CONVERSAR

- VOCÊ ACHA IMPORTANTE TER UMA LISTA DE COMBINADOS DA TURMA? POR QUÊ?
- QUE COMBINADO VOCÊ ACHA QUE NÃO PODE FALTAR NESSA LISTA?

VAMOS REFLETIR

LEIA ESTES COMBINADOS COM O PROFESSOR E OS COLEGAS.

LISTA DE COMBINADOS DO 1º ANO

MANTENHA A SALA LIMPA!

AJUDE, PARTICIPE, RESPEITE!

CUIDE DO SEU MATERIAL!

JOGUE O LIXO NA LIXEIRA!

E VOCÊ, O QUE FAZ?

- VOCÊ TAMBÉM MANTÉM A SALA DE AULA SEMPRE LIMPA?
- VOCÊ SEMPRE JOGA O LIXO NA LIXEIRA?
- VOCÊ AJUDA OS COLEGAS E PARTICIPA DAS ATIVIDADES?
- VOCÊ CUIDA DE SEU MATERIAL?

E O QUE MAIS VOCÊ PODE FAZER?

- VOCÊ USA PALAVRAS EDUCADAS PARA FALAR COM OS COLEGAS DA TURMA?
- E COM OS COLEGAS DE OUTRAS TURMAS, PROFESSORES E OUTROS FUNCIONÁRIOS DA ESCOLA?

VAMOS CRIAR COMBINADOS

MUITAS IDEIAS DEVEM TER SURGIDO DEPOIS QUE VOCÊ REFLETIU SOBRE AS PERGUNTAS ACIMA, NÃO É MESMO?

AJUDE O PROFESSOR A CRIAR UMA LISTA ILUSTRADA DE COMBINADOS PARA A TURMA.

PERISCÓPIO

PARA LER

AEIO... UAU!, DE FERNANDO DE ALMEIDA, MARIANA ZANETTI E RENATA BUENO, 2010. É POSSÍVEL FORMAR PALAVRAS SÓ COM VOGAIS? SOZINHAS, COMBINADAS OU ACOMPANHADAS DE CONSOANTES, OS AUTORES BRINCAM COM O FASCINANTE MUNDO DAS VOGAIS.

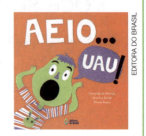

ENTRE TANTOS, DE MARCELO CIPIS. SÃO PAULO: EDITORA DO BRASIL, 2017. ESTE LIVRO ABORDA DE MANEIRA DIVERTIDA A PROXIMIDADE NAS LIGAÇÕES SOCIAIS, AS PARTICULARIDADES DE CADA PESSOA E TAMBÉM OS NOMES PRÓPRIOS, TUDO POR MEIO DE TEMAS UNIVERSAIS COMO FAMÍLIA E AMIZADE.

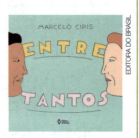

NOME, SOBRENOME, APELIDO, DE RENATA BUENO. SÃO PAULO: COMPANHIA DAS LETRINHAS, 2010. ESSE LIVRO CONTA COMO É IMPORTANTE TER UM NOME. NÃO IMPORTA SE GENTE, GATO, CACHORRO...

PARA ASSISTIR

O BOM DINOSSAURO, DIREÇÃO DE PETER SOHN, 2015. VOCÊ VAI SE EMOCIONAR COM UM DINOSSAURO ADOLESCENTE CHAMADO ARLO E UM MENINO CHAMADO SPOT. AMBOS VIVEM GRANDES AVENTURAS E MOSTRAM O VALOR DE UMA AMIZADE.

UNIDADE 2
VOCÊ ADIVINHA?

1. BRINQUE COM UM COLEGA.
O PROFESSOR VAI ENSINAR A BRINCADEIRA.

TEODORO — CAMILA — MURILO — MIGUEL — BIA — ANA

CAUÃ — JOÃO — MATEUS — TIAGO — ÍSIS — RAFAEL

HENRIQUE — VITÓRIA — TATIANE — TOMÁS — LAURA — PEDRO

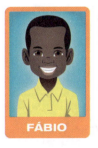     

FÁBIO — JÚLIA — MARIANA — FABIANA — DANIELA — KARINA

ANTES DE LER

1. ESCUTE AS ADIVINHAS QUE O PROFESSOR VAI LER. DEPOIS FAÇA UM **X** NAS CRIANÇAS QUE PENSARAM NAS RESPOSTAS CERTAS.

2. VOCÊ CONHECE ALGUMA ADIVINHA?

GUARDE UMA ADIVINHA NA MEMÓRIA PARA DESAFIAR OS COLEGAS NA PÁGINA 49.

LEITURA 1

VAMOS BRINCAR DE **O QUE É, O QUE É?**
O PROFESSOR VAI LER AS ADIVINHAS.
VOCÊ E OS COLEGAS TENTARÃO DESCOBRIR AS RESPOSTAS.

O QUE É, O QUE É?
TEM BOCA, MAS NÃO FALA.
TEM BOTÃO, MAS NÃO É TELEVISÃO.

O QUE É, O QUE É?
TEM BICO, MAS NÃO BICA.
TEM ASA, MAS NÃO VOA.

O QUE É, O QUE É?
TEM BRAÇO, MAS NÃO ABRAÇA.
TEM PÉ, MAS NÃO CORRE.

O QUE É, O QUE É?
TEM BRAÇOS, MAS NÃO TEM MÃOS.
TEM CORPO, MAS NÃO TEM PERNAS.

ADIVINHAS.

PARA SABER MAIS

O QUE É, O QUE É?

AS ADIVINHAS, TAMBÉM CONHECIDAS COMO ADIVINHAÇÕES OU "O QUE É, O QUE É?", SÃO PERGUNTAS EM FORMATO DE CHARADAS CRIADAS PARA DIVERSÃO. FAZEM PARTE DA CULTURA POPULAR E DO FOLCLORE BRASILEIRO.

ESTUDO DO TEXTO

1. COPIE A PERGUNTA QUE APARECE NO INÍCIO DAS ADIVINHAS.

_____

2. RELEIA A ADIVINHA COM O PROFESSOR.

> O QUE É, O QUE É?
> TEM BICO, MAS NÃO BICA.
> TEM ASA, MAS NÃO VOA.

- VEJA O QUE AS CRIANÇAS PENSARAM PARA DESCOBRIR A RESPOSTA.

- PINTE A RESPOSTA DA ADIVINHA.

- CONTE AOS COLEGAS COMO VOCÊ DESCOBRIU A RESPOSTA.

3. RELEIA ESTA ADIVINHA COM O PROFESSOR.

> O QUE É, O QUE É?
> TEM BOCA, MAS NÃO FALA.
> TEM BOTÃO, MAS NÃO É TELEVISÃO.

- CIRCULE A RESPOSTA DA ADIVINHA.

- PARA DESCOBRIR A RESPOSTA, VOCÊ PENSOU:

☐ NO QUE TEM BOCA E BOTÃO AO MESMO TEMPO.

☐ NO QUE NÃO FALA E NÃO É TELEVISÃO.

4. RELEIA MAIS ESTA ADIVINHA.

> O QUE É, O QUE É?
> TEM BRAÇO, MAS NÃO ABRAÇA.
> TEM PÉ, MAS NÃO CORRE.

- PINTE AS PARTES DO OBJETO QUE DÃO PISTAS PARA DESCOBRIR A RESPOSTA.

39

PAUSA PARA BRINCAR

O QUE É, O QUE É?

1. CONVIDE UM COLEGA OU UMA PESSOA DE SUA FAMÍLIA PARA RESPONDER ÀS ADIVINHAS COM VOCÊ. LIGUE AS ADIVINHAS ÀS ILUSTRAÇÕES.
VAMOS LÁ: O QUE É, O QUE É?

QUANTO MAIS ENXUGA, MAIS FICA MOLHADA.

QUANDO TRABALHA, DEIXA QUALQUER UM DE BOCA ABERTA.

MESMO TENDO CASA, VIVE DO LADO DE FORA.

TEM MUITOS DENTES E NUNCA COME.

TEM OLHOS DE GATO, RABO DE GATO E NÃO É GATO.

TEM PÉ, MAS SEM UMA PERNA NÃO ANDA.

ILUSTRAÇÕES: LIE KOBAYASHI

ESTUDO DA ESCRITA

A LETRA T

1. VAMOS VER SE VOCÊ ADIVINHA A RESPOSTA. ESCUTE A LEITURA DO PROFESSOR.

> TENHO UM CASCO QUE ME COBRE
> E SEM ELE EU FICO NU.
> EU PAREÇO UM CARRO-FORTE
> REFORÇADO PRA CHUCHU.
> MORO E VIVO NUM BURACO.
> QUEM SOU EU? SOU O...

☐ ☐ ☐ ☐

FÁBIO SOMBRA. *ONÇA, VEADO, POESIA E BORDADO*. SÃO PAULO: MODERNA, 2013. E-BOOK.

2. MARQUE A RESPOSTA DA ADIVINHA.

☐ TATURANA

☐ TATU

☐ TAMANDUÁ

- FALE O NOME DOS ANIMAIS. O QUE É PARECIDO NESSES NOMES?
- OBSERVE AS PALAVRAS **TATURANA** E **TATU**. O QUE VOCÊ NOTOU?

41

3. O PROFESSOR VAI ENSINAR A BRINCADEIRA **RABO DO TATU**.
VOCÊ VAI PRECISAR DE UM COPO PLÁSTICO.

VIVA EU,
VIVA TU,
VIVA O RABO DO TATU.

PARLENDA.

4. LEIA EM VOZ ALTA.

- QUANTAS VEZES VOCÊ MOVIMENTOU A BOCA PARA FALAR A PALAVRA **TATU**?

☐ VEZES

5. LEIA AS PALAVRAS EM VOZ ALTA BATENDO O COPO PLÁSTICO.

TATURANA   TAMANDUÁ

- COM QUE LETRA COMEÇA O NOME DESSES ANIMAIS? ☐

- QUANTAS VEZES VOCÊ MOVIMENTOU A BOCA PARA FALAR ESSAS PALAVRAS? ☐

> CADA PARTE PRONUNCIADA DE UMA PALAVRA É UMA **SÍLABA**.

6. LIGUE OS ANIMAIS QUE TÊM UMA SÍLABA EM COMUM NO NOME.

7. O NOME DE ALGUM ALUNO DA TURMA COMEÇA PELA LETRA **T**?

LEITURA 2

O PROFESSOR VAI LER MAIS DUAS ADIVINHAS.

ESTA FRUTA TEM SEMENTES
ESCURINHAS DE MONTÃO.
TEM A CASCA ALARANJADA,
MAS LARANJA NÃO É NÃO.
UNS A CHAMAM DE PAPAYA
OUTROS DIZEM QUE É...

ALARANJADO: DE COR LARANJA.
ALIVIAR: TORNAR MAIS LEVE, REDUZIR.

ELA É DOCE E REFRESCANTE,
SUA POLPA É TÃO MACIA...
BEM GELADA, MATA A FOME
E MINHA SEDE ELA ALIVIA.
MAS QUE FRUTA ENORME É ESTA?
O SEU NOME É...

FÁBIO SOMBRA. *MAMÃO, MELANCIA, TECIDO E POESIA.*
SÃO PAULO: MODERNA, 2013. E-BOOK.

SOBRE O AUTOR

FÁBIO SOMBRA NASCEU EM 1965, NO RIO DE JANEIRO. É ESCRITOR, ILUSTRADOR, MÚSICO, PESQUISADOR E DIVULGADOR DA CULTURA POPULAR BRASILEIRA. SE QUISER SABER MAIS INFORMAÇÕES SOBRE ELE, CONSULTE O *BLOG*: <http://violeiro.blogspot.com.br>.
ACESSO EM: 9 FEV. 2017.

 **ESTUDO DO TEXTO**

1. CONVERSE COM OS COLEGAS SOBRE A PRIMEIRA ADIVINHA.
   - QUAIS FRUTAS TÊM MUITAS SEMENTES ESCURAS?
   - QUAL FRUTA TEM MUITAS SEMENTES ESCURAS E A CASCA ALARANJADA?

2. RELEIA A PRIMEIRA ADIVINHA. PINTE A RESPOSTA.

MAMÃO

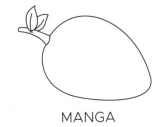
MANGA

LIMÃO

3. QUAIS PERGUNTAS VOCÊ FARIA PARA DESCOBRIR A RESPOSTA DA SEGUNDA ADIVINHA?

4. PINTE A RESPOSTA DA SEGUNDA ADIVINHA.

MEXERICA

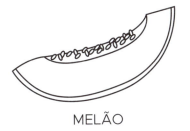
MELÃO

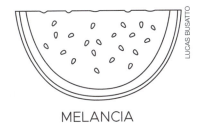
MELANCIA

5. MARQUE A INFORMAÇÃO CORRETA. AS ADIVINHAS:

   ☐ BRINCAM COM AS PALAVRAS PARA DIFICULTAR A DESCOBERTA DA RESPOSTA.

   ☐ UTILIZAM PALAVRAS QUE SIGNIFICAM O QUE ELAS REALMENTE SÃO.

A LETRA M

1. VAMOS VER SE VOCÊ ADIVINHA.

> ESTÁ NO MEIO DO COMEÇO,
> ESTÁ NO COMEÇO DO MEIO.
> ESTANDO EM AMBOS ASSIM,
> ESTÁ NA PONTA DO FIM.
>
> ADIVINHA.

_____

2. COPIE DA ADIVINHA:

- UMA PALAVRA COM **M** NO COMEÇO.

- DUAS PALAVRAS COM **M** NO MEIO.

- TRÊS PALAVRAS COM **M** NO FIM.

3. O NOME DE ALGUM ALUNO DA TURMA COMEÇA PELA LETRA **M**?

_____

46

4. CIRCULE A SÍLABA QUE SE REPETE NAS TRÊS PALAVRAS.

TOMATE   LIMA   MARACUJÁ

- O QUE VOCÊ OBSERVOU SOBRE A POSIÇÃO DA SÍLABA CIRCULADA NESSAS PALAVRAS?
- FALE OUTRAS PALAVRAS QUE TENHAM A MESMA SÍLABA EM DIFERENTES POSIÇÕES.

5. LIGUE A ILUSTRAÇÃO AO INÍCIO DO NOME.

47

JOGO DE PALAVRAS

1. RECORTE AS FICHAS DO **MATERIAL COMPLEMENTAR** DA PÁGINA 245.
O PROFESSOR VAI ENSINAR A BRINCADEIRA.

ANIMAIS	OBJETOS	ALIMENTOS

48

ORALIDADE

CAMPEONATO DE ADIVINHAS

CHEGOU A HORA DE USAR AQUELA ADIVINHA QUE VOCÊ GUARDOU NA MEMÓRIA.

VOCÊ VAI PARTICIPAR DE UM CAMPEONATO DE ADIVINHAS.

O PROFESSOR VAI EXPLICAR AS REGRAS, ORGANIZAR A SALA EM GRUPOS E SORTEAR UM GRUPO PARA COMEÇAR.

UM ALUNO DO GRUPO SORTEADO VAI DESAFIAR OS COLEGAS DE OUTRO GRUPO COM SUA ADIVINHA.

É IMPORTANTE:

- FICAR EM PÉ, PARA QUE TODOS VEJAM QUEM ESTÁ FALANDO;
- FALAR EM VOZ ALTA, PARA QUE TODOS ESCUTEM A ADIVINHA;
- FAZER SILÊNCIO, PARA RESPEITAR O COLEGA QUE ESTÁ FALANDO.

PRODUÇÃO DE TEXTO

ADIVINHAS

NESTA UNIDADE VOCÊ CONHECEU MUITAS ADIVINHAS.

AGORA VOCÊ VAI ESCREVER UMA ADIVINHA LEMBRANDO O QUE APRENDEU.

UM COLEGA VAI TENTAR ADIVINHAR A RESPOSTA.

PLANEJAMENTO

PARA ESCOLHER UMA ADIVINHA, VOCÊ PODE:

- PERGUNTAR EM CASA SE ALGUÉM CONHECE UMA;
- PROCURAR EM LIVROS DE ADIVINHAS;
- CONSULTAR *SITES* DE ADIVINHAS.

RODRIGO ARRAYA

PARA ESCREVER UMA ADIVINHA NOVA, VOCÊ PODE:

- INSPIRAR-SE NAS QUE OUVIU NESTA UNIDADE;
- LEMBRAR-SE DO QUE ESTUDOU SOBRE ADIVINHAS.

ADIVINHAS

- COSTUMAM COMEÇAR COM "O QUE É, O QUE É?".
- FAZEM UMA PERGUNTA DE DIFÍCIL SOLUÇÃO.
- TRAZEM PALAVRAS QUE DÃO PISTAS PARA DESCOBRIR A RESPOSTA.
- BRINCAM COM AS PALAVRAS PARA DIFICULTAR A RESPOSTA.

ESCRITA

ESCREVA SUA ADIVINHA ABAIXO.

_____

_____

_____

_____

_____

_____

AVALIAÇÃO

RESPONDA:
- A ADIVINHA QUE VOCÊ ESCREVEU FAZ UMA PERGUNTA DE DIFÍCIL SOLUÇÃO?
- ELA DÁ PISTAS PARA AJUDAR O COLEGA A DESCOBRIR A RESPOSTA?

CONCLUSÃO

CONVIDE UM COLEGA PARA DESCOBRIR A RESPOSTA DA ADIVINHA.
PEÇA A ELE QUE ESCREVA AQUI A RESPOSTA.

OUTRA LEITURA

A HISTÓRIA QUE VOCÊ VAI OUVIR FOI PUBLICADA NO LIVRO ADIVINHA SÓ!

JOÃO, O PERSONAGEM DA HISTÓRIA, TEM UMA MANIA ESTRANHA: ELE SÓ PENSA POR ENIGMAS.

PARA SALVAR SUA AMADA PRINCESA, ELE PRECISA CHEGAR À MAIS ALTA TORRE DO CASTELO. SERÁ QUE ELE VAI CONSEGUIR?

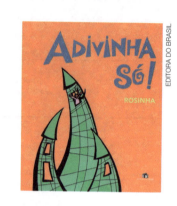

PARTICIPE DA HISTÓRIA. RECORTE E COLE AS ILUSTRAÇÕES DO **MATERIAL COMPLEMENTAR** DA PÁGINA 245. ELAS REPRESENTAM AS RESPOSTAS DE ALGUMAS ADIVINHAS QUE VOCÊ VAI OUVIR.

ADIVINHA SÓ!

[...]

APAIXONADO, O NOSSO ENIGMÁTICO HERÓI RESOLVEU SALVAR A PRINCESA. ÀS CINCO HORAS DA MANHÃ, JOÃO ACORDOU AO SOM DO SEU BICHO DE ESTIMAÇÃO, O QUE À MEIA-NOITE ACORDA VOCÊS, SABE DA HORA, NÃO SABE DO MÊS.

DEPOIS DE UM BANHO REVIGORANTE, COMEU UM PEDAÇO DE **QUANTO MAIS QUENTE ESTÁ, MAIS FRESCO É**, E BEBEU UM SUCO DE **UMA FRUTA QUE TEM ESCAMA MAS NÃO É PEIXE, TEM COROA MAS NÃO É REI**.

DEPOIS DO CAFÉ DA MANHÃ, JOÃO SENTIU-SE FORTE PARA ENFRENTAR OS PERIGOS QUE ESTAVAM POR VIR. COLOCOU O **QUE FICA CHEIO DE BOCA PARA BAIXO E VAZIO DE BOCA PARA CIMA** NA CABEÇA E O **QUE ESTÁ ANDANDO MESMO QUANDO ESTÁ PARADO** NO PULSO. PEGOU SUA MOCHILA COM TUDO O QUE É NECESSÁRIO PARA SALVAR UMA PRINCESA E SAIU AO ENCONTRO DO SEU DESTINO. [...]

ROSINHA. *ADIVINHA SÓ!* SÃO PAULO: EDITORA DO BRASIL, 2012. P. 9 E 11.

- COMO VOCÊ ACHA QUE A HISTÓRIA CONTINUA?
- QUAIS PERIGOS O HERÓI TERÁ DE ENFRENTAR PARA SALVAR A PRINCESA?

RETOMADA

1. ESCUTE OS TEXTOS QUE O PROFESSOR VAI LER. CIRCULE A ADIVINHA.

O QUE É, O QUE É?
QUANDO A GENTE
FICA EM PÉ, ELE FICA
DEITADO.
QUANDO A GENTE
FICA DEITADO, ELE
FICA EM PÉ?

DOMÍNIO PÚBLICO.

EU SOU PEQUENININHA
DO TAMANHO DE UM BOTÃO
CARREGO PAPAI NO BOLSO
E MAMÃE NO CORAÇÃO

DOMÍNIO PÚBLICO.

- QUAIS PALAVRAS DOS TEXTOS VOCÊ CONSEGUE LER SOZINHO? PINTE-AS.
- O QUE VOCÊ OBSERVOU PARA IDENTIFICAR A ADIVINHA?

2. COMPLETE O DIAGRAMA COM O NOME DAS ILUSTRAÇÕES.

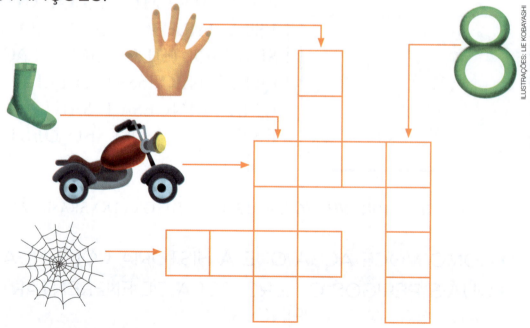

ILUSTRAÇÕES: LIE KOBAYASHI

54

3. PINTE A IMAGEM QUE TEM MAIS SÍLABAS NO NOME.

4. TROQUE A SÍLABA DO QUADRADINHO DESTACADO E FORME OUTRA PALAVRA.

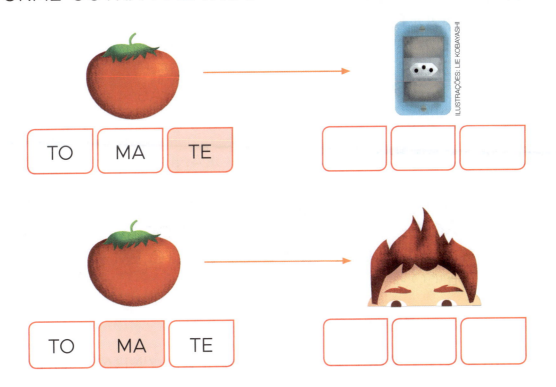

5. USE AS SÍLABAS DA PALAVRA **TOMATE** E COMPLETE O NOME DOS OBJETOS.

PERISCÓPIO

📖 PARA LER

ABC DOIDO, DE ANGELA LAGO. SÃO PAULO: MELHORAMENTOS, 2010.
CONHEÇA ADIVINHAS QUE BRINCAM COM O ALFABETO, ALÉM DE JOGOS E CHARADAS DIVERTIDAS.

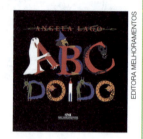

ADIVINHE SE PUDER, DE EVA FURNARI. SÃO PAULO: MODERNA, 2012.
QUE TAL UM LIVRO TODO DE ADIVINHAS? É MUITA DIVERSÃO, NÃO ACHA? JUNTE OS AMIGOS E VEJA QUANTAS ADIVINHAS VOCÊS CONSEGUEM RESPONDER.

MEU BICHO DE ESTIMAÇÃO, DE YOLANDA REYES. SÃO PAULO: FTD, 2013.
MUITA GENTE TEM BICHO DE ESTIMAÇÃO, E ELES SÃO DE TODO TIPO, NÃO É? VOCÊ VAI SE SURPREENDER COM ESSE CONTO EM VERSOS E COM AS ADIVINHAÇÕES.

👆 PARA ACESSAR

ABC CRIANÇAS: APRENDA ALGUMAS ADIVINHAS SOBRE ANIMAIS. A GENTE NEM IMAGINA COMO PODE SER DIVERTIDO! DISPONÍVEL EM: <http://adivinhas.abccriancas.com/adivinhas-sobre-animais>. ACESSO EM: 9 FEV. 2017.

QUANTAS CANTIGAS!

1. ENCONTRE AS IMAGENS ESCONDIDAS E PINTE-AS.
DICA: O NOME DESSAS IMAGENS APARECE EM ALGUMAS CANTIGAS.

ANTES DE LER

1. VOCÊ ENCONTROU O NA PÁGINA ANTERIOR?

2. PINTE A CANTIGA EM QUE O É CITADO.

O SAPO NÃO LAVA O PÉ NÃO LAVA PORQUE NÃO QUER ELE MORA LÁ NA LAGOA NÃO LAVA O PÉ PORQUE NÃO QUER MAS QUE CHULÉ!	A BARATA DIZ QUE TEM SETE SAIAS DE FILÓ É MENTIRA DA BARATA ELA TEM É UMA SÓ HA, HA, HA, HO, HO, HO, ELA TEM É UMA SÓ.

CANTIGAS.

3. E ESTAS IMAGENS, VOCÊ ENCONTROU ALGUMA DELAS NA PÁGINA ANTERIOR?

- FALE O NOME DE CADA UMA.
- VOCÊ SABE CANTAR UMA CANTIGA QUE CITE ALGUM DESSES NOMES?

4. AS CANTIGAS SÃO TEXTOS FÁCEIS DE MEMORIZAR.

- QUAIS CANTIGAS VOCÊ SABE DE COR?
- ONDE OU COM QUEM VOCÊ APRENDEU?
- EM QUE SITUAÇÕES COSTUMAMOS CANTAR E OUVIR CANTIGAS DE RODA?

5. VAMOS FAZER UMA VOTAÇÃO PARA ESCOLHER A CANTIGA PREFERIDA DA TURMA? DEPOIS, CANTE ESSA CANTIGA COM OS COLEGAS.

- FAÇA UM DESENHO DELA NO ESPAÇO ABAIXO.

LEITURA 1

OBSERVE A IMAGEM.
ONDE VOCÊ ACHA QUE ESTÁ ESCRITO O NOME DESSE BRINQUEDO NA CANTIGA? CIRCULE-O.
VOCÊ SABE CANTAR ESTA CANTIGA?

RODA, PIÃO

O PIÃO ENTROU NA RODA, Ó PIÃO! [BIS]
RODA, PIÃO, BAMBEIA, PIÃO! [BIS]

SAPATEIA NO TERREIRO, Ó PIÃO! [BIS]
RODA, PIÃO, BAMBEIA, PIÃO! [BIS]

MOSTRA A TUA FIGURA, Ó PIÃO! [BIS]
RODA, PIÃO, BAMBEIA, PIÃO! [BIS]

FAZ UMA CORTESIA, Ó PIÃO! [BIS]
RODA, PIÃO, BAMBEIA, PIÃO! [BIS]

ATIRA TUA FIEIRA, Ó PIÃO! [BIS]
RODA, PIÃO, BAMBEIA, PIÃO! [BIS]

ENTREGA O CHAPÉU A OUTRO, Ó PIÃO! [BIS]
RODA, PIÃO, BAMBEIA, PIÃO! [BIS]

CANTIGA.

SANDRA LAVANDEIRA

ESTUDO DO TEXTO

1. COPIE DA CANTIGA:

- O TÍTULO – _____ ;
- A PALAVRA QUE APARECE EM TODAS AS LINHAS – _____
  _____ ;
- A LINHA QUE SE REPETE – _____ .

> CADA LINHA DA CANTIGA É CHAMADA DE **VERSO**.
> O VERSO QUE SE REPETE É CHAMADO DE **REFRÃO**.

2. CANTE:

> ATIRA TUA FIEIRA, Ó PIÃO! [BIS]
> RODA, PIÃO, BAMBEIA, PIÃO! [BIS]

- O QUE VOCÊ FEZ AO LER A PALAVRA "BIS"?
- FIEIRA É:
  - ☐ O SOM DO GIRO DO PIÃO.
  - ☐ O CORDÃO USADO PARA MOVIMENTAR O PIÃO.
- "MOVE-SE DE UM LADO PARA OUTRO" SIGNIFICA:
  - ☐ BAMBEIA.
  - ☐ RODA.

3. A CANTIGA *RODA, PIÃO* PODE SER CANTADA PARA:
  - ☐ PULAR CORDA.
  - ☐ BRINCAR DE RODA.

PAUSA PARA BRINCAR

CIRANDA, CIRANDINHA

1. BRINQUE DE RODA COM OS COLEGAS CANTANDO *CIRANDA, CIRANDINHA*.
2. DEPOIS DA BRINCADEIRA, RECORTE AS TIRAS DO **MATERIAL COMPLEMENTAR** DA PÁGINA 247 E COLE-AS AQUI, NA ORDEM CORRETA, PARA FORMAR OS PRIMEIROS VERSOS DA CANTIGA.
3. POR ÚLTIMO, ILUSTRE OS VERSOS.

CIRANDA, CIRANDINHA

CANTIGA.

ESTUDO DA ESCRITA

A LETRA P

1. SUBLINHE APENAS OS TÍTULOS DAS CANTIGAS QUE O PROFESSOR LER.

   SAI, PIABA
   NA LOJA DO MESTRE ANDRÉ
   SAPO-CURURU
   RODA, PIÃO
   CACHORRINHO ESTÁ LATINDO
   POMBINHA BRANCA
   O SAPO NÃO LAVA O PÉ
   PIRULITO QUE BATE, BATE
   SÍTIO DO SEU LOBATO
   ALECRIM DOURADO
   PEIXE VIVO

2. PINTE A IMAGEM DO OBJETO CUJO NOME COMEÇA COMO A PALAVRA "PIÃO".

3. ESCREVA O NOME DA IMAGEM QUE VOCÊ PINTOU.

4. DIGA PARA O PROFESSOR OUTRAS PALAVRAS QUE COMEÇAM COMO "PIÃO".

- COPIE TRÊS PALAVRAS QUE O PROFESSOR ESCREVEU NA LOUSA.

5. DESAFIO: DESCUBRA DUAS PALAVRAS DA CANTIGA *RODA, PIÃO* EM QUE A LETRA **P** APARECE. "PIÃO" NÃO VALE!

6. O NOME DE ALGUM ALUNO DA TURMA COMEÇA COM A LETRA **P**?

7. RELEIA:

RODA, PIÃO, BAMBEIA, PIÃO!

- PINTE O ESPAÇO QUE SEPARA UMA PALAVRA DA OUTRA.

- QUANTAS PALAVRAS HÁ NESSE VERSO?

- QUE PALAVRA SE REPETE?

- QUE PALAVRA TEM MAIS DE DUAS SÍLABAS?

8. CIRCULE A SÍLABA QUE SE REPETE NAS PALAVRAS DE CADA QUADRO.

PIANO   APITO   TUPI

POTE   PIPOCA   SAPO

PACA   SAPATO   SOPA

- EM CADA CONJUNTO DE PALAVRAS, A SÍLABA QUE VOCÊ CIRCULOU APARECE NA MESMA POSIÇÃO?
- O SOM DA SÍLABA **PO** É IGUAL NAS TRÊS PALAVRAS? EXPLIQUE SUA RESPOSTA.

9. ORDENE AS SÍLABAS E FORME PALAVRAS.

| TA | E | PO | | NI | PE | CO |

_____   _____

| CA | PO | PI | | LA | PÉ | TA |

_____   _____

| LA | PU | PI | | LI | TO | PA |

_____   _____

10. LEIA AS PALAVRAS E SEPARE AS SÍLABAS.

- PIA ☐ ☐

- PIÃO ☐ ☐

- PILÃO ☐ ☐

- PIABA ☐ ☐ ☐

- O QUE É PARECIDO NA ESCRITA DESSAS PALAVRAS?

- HÁ SÍLABA SÓ COM VOGAL? E SÓ COM CONSOANTE?

- A SÍLABA PODE TER MAIS DE DUAS LETRAS? EXPLIQUE SUA RESPOSTA.

JOGO DE PALAVRAS

1. RECORTE AS FICHAS DO **MATERIAL COMPLEMENTAR** DA PÁGINA 247.
O PROFESSOR VAI ENSINAR A BRINCADEIRA.

ANIMAIS	OBJETOS	ALIMENTOS

67

LEITURA 2

VOCÊ SABE QUE CANTIGA É ESTA? COMO VOCÊ DESCOBRIU? QUE NOMES APARECEM NA LETRA DA CANTIGA? DEPOIS DE CANTAR, PINTE AS CANOAS QUE TÊM ESSES NOMES.

A CANOA

A CANOA VIROU
POIS DEIXARAM ELA VIRAR.
FOI POR CAUSA DA CAMILA
QUE NÃO SOUBE REMAR.

SE EU FOSSE UM PEIXINHO
E SOUBESSE NADAR,
EU TIRAVA A CAMILA
DO FUNDO DO MAR.

SIRIRI PRA CÁ,
SIRIRI PRA LÁ,
A CAMILA É NOVA
E JÁ QUER CASAR.

A CANOA VIROU
POIS DEIXARAM ELA VIRAR.
FOI POR CAUSA DO FRANCISCO
QUE NÃO SOUBE REMAR.

SE EU FOSSE UM PEIXINHO
E SOUBESSE NADAR,
EU TIRAVA O FRANCISCO
DO FUNDO DO MAR.

SIRIRI PRA CÁ,
SIRIRI PRA LÁ,
O FRANCISCO É NOVO
E JÁ QUER CASAR.

CANTIGA.

ESTUDO DO TEXTO

1. MARQUE A BRINCADEIRA EM QUE É MAIS COMUM CANTAR A CANTIGA *A CANOA*.

2. CONVERSE COM O PROFESSOR E OS COLEGAS PARA RESPONDER ÀS QUESTÕES.

- ONDE AS CANOAS ESTÃO?
- O QUE ESTÁ ESCRITO NAS CANOAS?
- POR QUE A CANOA VIROU?

3. COPIE DA CANTIGA:

- O NOME DE UM MEIO DE TRANSPORTE;
- UM NOME DE ANIMAL;
- UM NOME DE MENINA;
- UM NOME DE MENINO.

4. NO VERSO "SE EU FOSSE UM PEIXINHO", QUE PALAVRA PODERIA SER USADA NO LUGAR DE "PEIXINHO"?

☐ PASSARINHO.

☐ GOLFINHO.

☐ CACHORRINHO.

5. E NESTAS PALAVRAS, O QUE HÁ DE PARECIDO?

| VIRAR | REMAR | NADAR | MAR | CASAR |

- QUE OUTRAS PALAVRAS RIMAM COM ELAS?

> **RIMAS** SÃO PALAVRAS QUE TERMINAM COM SONS IGUAIS OU PARECIDOS.

6. LEIA.

SIRIRI PRA CÁ,
SIRIRI PRA LÁ,
A CAMILA É NOVA
E JÁ QUER CASAR.

CLAUDIA MARIANNO

- A CENA MOSTRA UM DOS SIGNIFICADOS DE "SIRIRI". O QUE É?

☐ UMA DANÇA DE RODA INFANTIL.

☐ UMA CERIMÔNIA DE CASAMENTO.

ESTUDO DA ESCRITA

A LETRA C

1. SUBLINHE NOS TÍTULOS DAS CANTIGAS TODAS AS PALAVRAS ESCRITAS COM A LETRA **C**.

A CANOA    O COELHINHO

CARANGUEJO   SAPO-CURURU

CACHORRINHO ESTÁ LATINDO

2. DAS PALAVRAS SUBLINHADAS, COPIE A QUE TEM:

• MAIS LETRAS; _____

• MENOS LETRAS; _____

• TRÊS VOGAIS IGUAIS; _____

• QUATRO VOGAIS DIFERENTES. _____

3. O NOME DE ALGUM ALUNO DA TURMA COMEÇA COM A LETRA **C**? QUAL?

_____
_____

72

4. CIRCULE AS PALAVRAS QUE COMEÇAM COM A LETRA **C**.

> A CANOA VIROU
> POIS DEIXARAM ELA VIRAR.
> FOI POR CAUSA DA CAMILA
> QUE NÃO SOUBE REMAR.

- LEIA EM VOZ ALTA AS PALAVRAS QUE VOCÊ CIRCULOU.
- DAS PALAVRAS CIRCULADAS, COPIE A QUE TEM:

3 SÍLABAS	3 CONSOANTES	3 VOGAIS	

3 SÍLABAS	3 VOGAIS	2 CONSOANTES	

5. A PALAVRA **CARANGUEJO** TAMBÉM COMEÇA COM **CA**. VOCÊ CONHECE A CANTIGA DO CARANGUEJO? LEIA-A COM O PROFESSOR TROCANDO AS IMAGENS POR PALAVRAS.

CARANGUEJO NÃO É PEIXE

NA ENCHENTE DA MARÉ.

CANTIGA.

- COMO ESSA CANTIGA CONTINUA? CANTE-A.
- ESCREVA O NOME DOS ANIMAIS NAS ETIQUETAS.

6. LIGUE OS NOMES DOS ANIMAIS QUE COMEÇAM COM A MESMA SÍLABA.

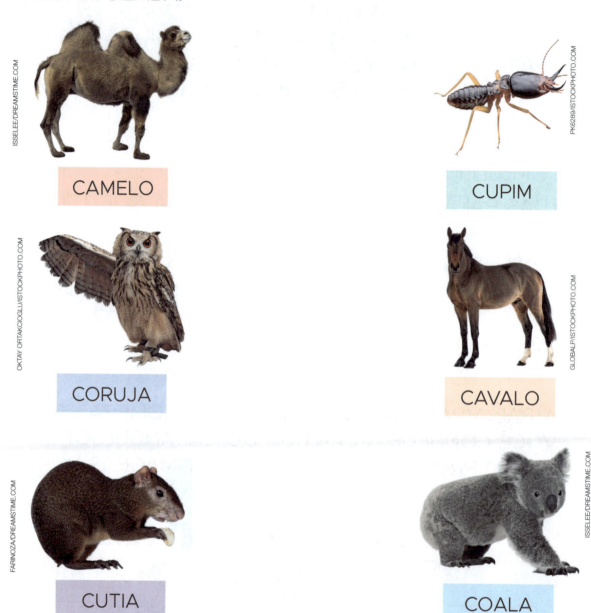

CAMELO

CUPIM

CORUJA

CAVALO

CUTIA

COALA

7. LEIA ESTES VERSOS DA CANTIGA *A CANOA*.

A CAMILA É NOVA
O FRANCISCO É NOVO

• SE FOSSE SEU NOME, COMO FICARIA O VERSO?

_____

8. PINTE AS CANOAS COM ESTAS CORES.

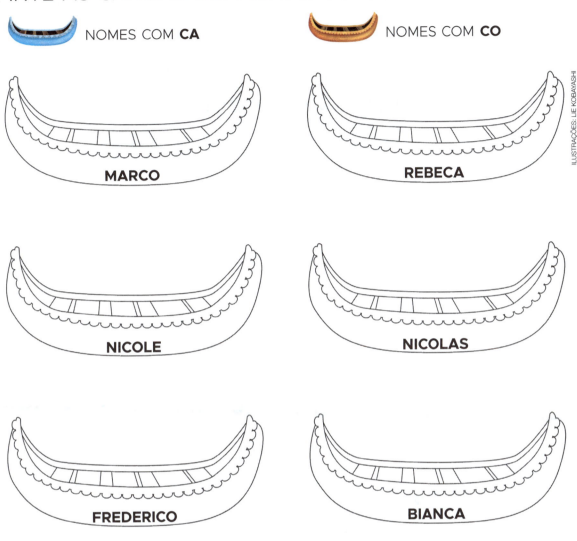

9. PINTE OS ESPAÇOS ENTRE AS PALAVRAS.

☐ SIRIRI PRA CÁ,

☐ SIRIRI PRA LÁ,

☐ O FRANCISCO É NOVO

☐ E JÁ QUER CASAR.

• QUANTAS PALAVRAS HÁ EM CADA VERSO? ESCREVA NOS QUADRINHOS.

10. OLHA O QUE ACONTECEU COM A CANOA.

- O QUE ACONTECEU COM O VERSO DA CANTIGA?
- LIGUE OS PONTOS PARA DESENHAR A CANOA E ESCREVA COMO DEVE SER O VERSO.

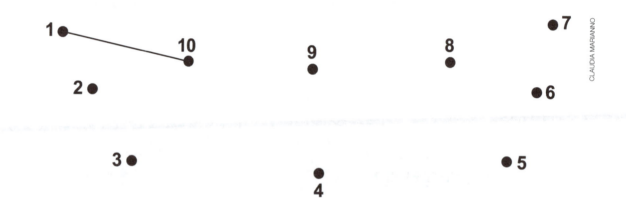

_____

11. E AGORA, O QUE ACONTECEU COM ESTE VERSO DA CANTIGA?

SEEUFOSSEUMPEIXINHO

- REESCREVA ESSE VERSO SEPARANDO AS PALAVRAS.

_____

JOGO DE PALAVRAS

1. QUAL É O NOME DE CADA IMAGEM? ESCREVA-O NOS QUADRINHOS.

77

PAUSA PARA BRINCAR

INSTRUMENTO DE PERCUSSÃO

1. CONSTRUA ESTE INSTRUMENTO DE PERCUSSÃO.

GANZÁ (CHOCALHO)

MATERIAL:

- 2 POTES PLÁSTICOS (DE IOGURTE OU DE LEITE FERMENTADO);
- 1 ROLO DE FITA-CREPE;
- 1 TESOURA SEM PONTA;
- COLA BRANCA LÍQUIDA;
- MILHO CRU (OU OUTRO GRÃO, COMO FEIJÃO, LENTILHA OU ARROZ);
- FOLHAS DE REVISTAS VELHAS OU OUTRO PAPEL PARA DECORAR.

78

MODO DE FAZER

1. COLOQUE OS GRÃOS DENTRO DE UM DOS POTINHOS. DEPOIS COLOQUE O OUTRO POTE EM CIMA PARA FECHAR.

2. PASSE A FITA-CREPE NA JUNÇÃO DOS DOIS POTINHOS PARA SELAR BEM.

3. RECORTE ALGUNS PEDAÇOS DAS FOLHAS DE REVISTA OU DE OUTRO PAPEL DE SUA PREFERÊNCIA COM APROXIMADAMENTE 2 CENTÍMETROS CADA PEDAÇO.

4. PASSE UM POUCO DE COLA EM CADA PEDAÇO DE PAPEL CORTADO E VÁ COLANDO NOS POTINHOS JÁ UNIDOS ATÉ ELES FICAREM BEM COLORIDOS. SEU GANZÁ JÁ ESTÁ PRONTO!

COMO TOCAR

PARA TOCAR BASTA CHACOALHAR OS POTES DE UM LADO PARA OUTRO OU PARA A FRENTE E PARA TRÁS.

2. COM O GANZÁ, CANTE *A CANOA VIROU* FAZENDO A PERCUSSÃO.

ORALIDADE

DICAS PARA UMA BOA APRESENTAÇÃO

VOCÊ SABE FAZER UMA APRESENTAÇÃO MUSICAL? PINTE OS BALÕES COM AS RESPOSTAS QUE VOCÊ ACHAR CORRETAS.

1. COMO OS PARTICIPANTES PODEM SE ORGANIZAR?

CADA UM PODE SE SENTAR ONDE QUISER.

É MELHOR OS PARTICIPANTES FORMAREM UMA RODA.

ILUSTRAÇÕES: LUCAS BUSATTO

2. COMO TODOS DEVEM CANTAR?

BEM BAIXINHO.

EM VOZ ALTA E COM ANIMAÇÃO.

TODOS PRECISAM DECORAR A LETRA DA CANTIGA E SEGUIR O MESMO RITMO.

3. O QUE MAIS OS PARTICIPANTES DEVEM SABER, ALÉM DE CANTAR?

MOVIMENTAR OS OBJETOS AO MESMO TEMPO.

O NOME DOS PARTICIPANTES.

NA PRÓXIMA PÁGINA, USE AS DICAS QUE VOCÊ APRENDEU PARA APRESENTAR UMA CANTIGA AOS COLEGAS.

GIRAMUNDO

APRESENTAÇÃO DE CANTIGA

1. VOCÊ CONHECE A CANTIGA *ESCRAVOS DE JÓ*? VAMOS APRESENTÁ-LA PARA OUTRA TURMA DA ESCOLA?

ESCRAVOS DE JÓ

ESCRAVOS DE JÓ
JOGAVAM CAXANGÁ.
TIRA, PÕE, DEIXA FICAR.
GUERREIROS COM GUERREIROS
FAZEM ZIGUE, ZIGUE, ZÁ.
GUERREIROS COM GUERREIROS
FAZEM ZIGUE, ZIGUE, ZÁ.

CANTIGA.

ESCRAVOS DE JÓ É UMA CANTIGA DE BRINCAR. ENQUANTO SE CANTA, CADA PARTICIPANTE FAZ MOVIMENTOS DE ACORDO COM O QUE A CANTIGA INDICA.

81

VAMOS ENSAIAR?

1. FORME UMA GRANDE RODA COM OS COLEGAS. SENTEM-SE NO CHÃO OU AO REDOR DE UMA MESA.
2. CADA JOGADOR DEVE COLOCAR UM COPO PLÁSTICO À FRENTE.
3. COMECEM A CANTAR COM BASTANTE ANIMAÇÃO, TODOS NO MESMO RITMO, EM VOZ ALTA.
4. COM UMA DAS MÃOS, TOQUEM O GANZÁ. COM A OUTRA MÃO, PASSEM O COPO PARA O COLEGA QUE ESTÁ DO LADO DIREITO.
5. O PROFESSOR VAI ENSINAR OUTROS MOVIMENTOS.

VOCÊS TAMBÉM PODEM:

- ENTOAR A MELODIA AO SOM DE LÁ, LÁ, LÁ;
- CANTAR COM A BOCA FECHADA;
- FICAR EM SILÊNCIO E MOVIMENTAR APENAS OS GANZÁS E OS COPOS;
- ACELERAR O RITMO.

PREPARADOS?
O PROFESSOR VAI CONVIDAR COLEGAS DE OUTRAS TURMAS PARA ASSISTIREM À APRESENTAÇÃO.

LUCAS BUSATTO

82

PRODUÇÃO DE TEXTO

CANTIGA

VAMOS COMPOR UM PEQUENO LIVRO DE CANTIGAS QUE SERÁ DOADO À BIBLIOTECA DA ESCOLA.

VEJA COMO SERÁ O TRABALHO.

PLANEJAMENTO

O PROFESSOR VAI FORMAR CINCO GRUPOS. CADA GRUPO ORGANIZARÁ OS VERSOS DE UMA CANTIGA.

NA PÁGINA SEGUINTE, PINTE DE COR CLARA A CANTIGA SORTEADA PARA SEU GRUPO.

ESCRITA

CONVERSE COM SEU GRUPO SOBRE A ORDEM DOS VERSOS E TENTE ORGANIZÁ-LOS DA MELHOR FORMA.

PRESTE ATENÇÃO ÀS RIMAS.

COPIE A SEGUIR OS VERSOS NA ORDEM QUE VOCÊS ACHAM CORRETA.

_____

_____

_____

_____

_____

1

NÃO LAVA O PÉ PORQUE NÃO QUER.
NÃO LAVA PORQUE NÃO QUER
O SAPO NÃO LAVA O PÉ
ELE MORA LÁ NA LAGOA

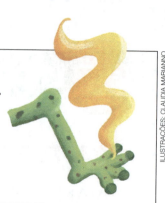

2

E A ROSA, DESPEDAÇADA.
DEBAIXO DE UMA SACADA.
O CRAVO SAIU FERIDO
O CRAVO BRIGOU COM A ROSA

3

QUEM GOSTA DE MIM É ELA,
PIRULITO QUE BATE, BATE
QUEM GOSTA DELA SOU EU.
PIRULITO QUE JÁ BATEU,

4

VAMOS DAR A MEIA-VOLTA,
VOLTA E MEIA VAMOS DAR.
CIRANDA, CIRANDINHA,
VAMOS TODOS CIRANDAR.

5

ASSIM QUE ELA ME VIU,
EU VI UMA BARATA
BATEU ASAS E VOOU.
NA CARECA DO VOVÔ.

AVALIAÇÃO

1. CONVERSE COM OS COLEGAS. DEPOIS RESPONDA:

- VOCÊ CONFERIU SE A ORDEM DOS VERSOS ESTÁ CORRETA?

  ☐ SIM.   ☐ NÃO.

- O SEGUNDO E O ÚLTIMO VERSO TERMINAM COM O MESMO SOM?

  ☐ SIM.   ☐ NÃO.

- VOCÊ COPIOU TODAS AS PALAVRAS DE CADA VERSO?

  ☐ SIM.   ☐ NÃO.

- VOCÊ DEIXOU UM ESPAÇO PARA SEPARAR UMA PALAVRA DA OUTRA?

  ☐ SIM.   ☐ NÃO.

- AS PALAVRAS QUE VOCÊ COPIOU ESTÃO ESCRITAS CORRETAMENTE?

  ☐ SIM.   ☐ NÃO.

2. CONFIRA SEU TEXTO MAIS UMA VEZ. O PROFESSOR VAI ESCREVER A ORDEM CORRETA NA LOUSA.

REESCRITA

PASSE SUA CANTIGA A LIMPO EM UMA FOLHA DE PAPEL E FAÇA UM DESENHO PARA ILUSTRÁ-LA.

OUTRA LEITURA

OUÇA A LEITURA DO PROFESSOR.

É MENTIRA DA BARATA?

NAQUELE DIA, A BARATA
ACORDOU FEITO UM FOGUETE.
CORRIA BARATINADA,
SUBIA PELAS PAREDES.

– ONDE ESTÃO AS SETE SAIAS
QUE EU GANHEI DA MINHA AVÓ?
ONDE É QUE ESTÃO GUARDADAS
MINHAS SAIAS DE FILÓ?

O MOSQUITO, QUE ERA UM CHATO
E ZOAVA TODO O DIA,
QUANDO OUVIU AQUELE PAPO,
COMEÇOU A CANTORIA:

– A BARATA DIZ QUE TEM
SETE SAIAS DE FILÓ.
É MENTIRA DA BARATA,
ELA TEM É UMA SÓ.

RÁ, RÁ, RÁ... RÓ, RÓ, RÓ.
ELA TEM É UMA SÓ.
RÁ, RÁ, RÁ... RÓ, RÓ, RÓ.
ELA TEM É UMA SÓ.

ACONTECE QUE O GRILO
ERA AMIGO DA BARATA
E, QUANDO OUVIU AQUILO,
ALTEROU A SERENATA.

– EU NÃO ACHO QUE É MENTIRA,
SÓ UM POUCO DE EXAGERO.
VAI VER AS SAIAS CAÍRAM
NUM BURACO OU NUM BUEIRO.

– RÁ, RÁ, RÁ... RÓ, RÓ, RÓ.
ELA TEM É UMA SÓ.
RÁ, RÁ, RÁ... RÉ, RÉ, RÉ.
(O MOSQUITO RIU ATÉ.)

[...]

LEO CUNHA. IN: CELSO SISTO (ORG.).
HISTÓRIAS DE CANTIGAS.
SÃO PAULO: CORTEZ, 2012. P. 7-8.

- QUE CANTIGA INSPIROU O AUTOR A ESCREVER ESSE TEXTO?

1. CANTE AS CANTIGAS E PINTE AS CENAS.

PIRULITO QUE BATE, BATE.
PIRULITO QUE JÁ BATEU.
QUEM GOSTA DE MIM É ELA,
QUEM GOSTA DELA SOU EU.

COMO PODE UM PEIXE VIVO
VIVER FORA DA ÁGUA FRIA?
COMO PODEREI VIVER
SEM A TUA, SEM A TUA,
SEM A TUA COMPANHIA?

COPIE UMA PALAVRA DE CADA CANTIGA SEGUINDO AS DICAS.

- COMEÇAM COM A LETRA **P**.
- ENCAIXAM-SE NOS QUADRINHOS DE LETRAS.

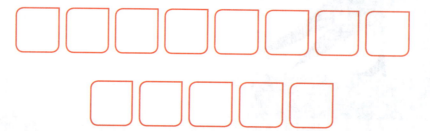

- PINTE AS LETRAS QUE APARECEM TANTO EM UMA PALAVRA COMO NA OUTRA.

2. LEIA E COMPLETE A CANTIGA COM A PALAVRA QUE ESTÁ FALTANDO.

O COELHINHO

DE OLHOS VERMELHOS,
DE PELO BRANQUINHO,
DE ORELHAS BEM ALTAS,
EU SOU O _____.

- PINTE AS IMAGENS QUE COMEÇAM COM O MESMO SOM DA PALAVRA QUE VOCÊ ESCREVEU.

3. E A CANTIGA DO SAPO, QUEM CONHECE?

SAPO-CURURU

SAPO-CURURU
NA BEIRA DO RIO
QUANDO O SAPO CANTA, Ó MANINHA,
É QUE ESTÁ COM FRIO.

A MULHER DO SAPO
DEVE ESTAR LÁ DENTRO
FAZENDO RENDINHA, Ó MANINHA,
PARA O CASAMENTO.

- CIRCULE AS RIMAS.

CONSTRUIR UM MUNDO MELHOR

DE GERAÇÃO EM GERAÇÃO

VOCÊ ACHA QUE AS CANTIGAS DE RODA ERAM CONHECIDAS E CANTADAS DURANTE A INFÂNCIA DOS ADULTOS DE SUA FAMÍLIA?

CONVERSE SOBRE ISSO COM UMA PESSOA DE SUA FAMÍLIA. PEÇA A ELA QUE ESCREVA AS INFORMAÇÕES NO LIVRO.

- NOME DA PESSOA: _____

- O QUE ELA É SUA: _____

1. DE QUAIS CANTIGAS DE RODA VOCÊ SE LEMBRA?
_____
_____

2. EM QUE SITUAÇÕES VOCÊ COSTUMAVA CANTAR CANTIGAS?
_____
_____

3. COM QUEM VOCÊ APRENDIA ESSAS CANTIGAS?
_____
_____

4. ESCREVA A LETRA DE UMA DESSAS CANTIGAS.

_____

_____

_____

_____

_____

_____

_____

_____

_____

_____

APRESENTE AOS COLEGAS O RESULTADO DA CONVERSA.

QUAIS CANTIGAS DE RODA FORAM LEMBRADAS?
VOCÊ JÁ CONHECIA ESSAS CANTIGAS?
SE FOR PRECISO, APRENDA A CANTÁ-LAS.
DEPOIS, CANTE ESSAS CANTIGAS PARA OS COLEGAS.

PARA LER

EMENGARDA, A BARATA, DE PIERRE ANDRÉ. BELO HORIZONTE: ALETRIA, 2009. ALGUMAS BARATAS PODEM SURPREENDER! ESSA É UMA DELAS. SONHADORA E DIVERTIDA, SERÁ CAPAZ DE TUDO, ATÉ DE MENTIR. MAS VAI DESCOBRIR QUE BOM MESMO É SER SINCERA.

O SAPO PÉ DE CHULÉ, DE PRISCILA DE MESQUITA DUMMAR SOUZA CARVALHO. FORTALEZA: ARMAZÉM DA CULTURA, 2016. O SAPO CHULÉ RESOLVEU SAIR EM BUSCA DE NOVAS EMOÇÕES. LEIA E CURTA ESSE SAPINHO, QUE NÃO DESISTE DE SEUS SONHOS, DE SUA CANTORIA E DE SUA ALEGRIA.

O TESOURO DAS CANTIGAS PARA CRIANÇAS, DE ANA MARIA MACHADO. RIO DE JANEIRO: NOVA FRONTEIRA, 2014, V. 1 E 2. UMA OBRA PARA LER E CANTAR COM A FAMÍLIA. COM CERTEZA, OS MAIS VELHOS VÃO RECONHECER AS CANTIGAS QUE SÃO CANTADAS HÁ MUITAS GERAÇÕES.

PARA ACESSAR

CANTIGAS DE RODA E OUTRAS CANTIGAS, DO GRUPO TIQUEQUÊ: DIVIRTA-SE COM AS CANTIGAS ENTOADAS COM MUITA ORIGINALIDADE PELO GRUPO TIQUEQUÊ. DISPONÍVEL EM: <www.tiqueque.com/>. ACESSO EM: 2 ABR. 2018.

UNIDADE 4
CLIQUE E EXPLIQUE

1. NUMERE AS FOTOGRAFIAS DE ACORDO COM AS LEGENDAS.

1	PERERECA DORMINDO SOBRE A FOLHA.
3	GIRAFAS INTERAGINDO.
2	CADELA ALIMENTANDO OS GATOS.
4	CAMALEÃO CAPTURANDO UMA PRESA COM A LÍNGUA.

93

ANTES DE LER

OBSERVE A FOTOGRAFIA. O QUE VOCÊ VÊ?

VOCÊ SABE O NOME DO ANIMAL RETRATADO NELA? O QUE ELE ESTÁ FAZENDO? POR QUÊ?

O QUE VOCÊ IMAGINA QUE ESTÁ ESCRITO ABAIXO DA FOTOGRAFIA?

SE VOCÊ TIVESSE DE EXPLICAR A FOTOGRAFIA, COMO FARIA ISSO?

OUÇA A LEITURA DO QUE FOI PUBLICADO NA INTERNET SOBRE ESTA IMAGEM.

FOTOGRAFIA DE CANGURU ÓRFÃO ABRAÇANDO URSINHO DE PELÚCIA FICA FAMOSA NA INTERNET.

94

LEITURA 1

NAS PÁGINAS A SEGUIR, HÁ QUATRO FOTOGRAFIAS ACOMPANHADAS DE TEXTOS. ELAS FAZEM PARTE DE UMA REPORTAGEM PUBLICADA NO *SITE* DE UMA REVISTA.

O PROFESSOR VAI LER O TÍTULO DA REPORTAGEM.

ALAMEDA DOS BAOBÁS EM MADAGASCAR COMPÕE UMA DAS PAISAGENS MAIS BELAS DO PLANETA

DISPONÍVEL EM: <http://epoca.globo.com/colunas-e-blogs/viajologia/noticia/2015/11/alameda-dos-baobas-em-madagascar-compoe-uma-das-paisagens-mais-belas-do-planeta.html>.
ACESSO EM: 19 MAIO 2017.

CONVERSE COM OS COLEGAS E O PROFESSOR:

- VOCÊ SABE O QUE É UMA ALAMEDA?
- O QUE É UM BAOBÁ?
- O QUE DEVE SER ALAMEDA DOS BAOBÁS?
- ONDE FICA A ALAMEDA DOS BAOBÁS?
- PELO TÍTULO DA REPORTAGEM, O QUE FICAMOS SABENDO DESSA ALAMEDA?

OBSERVE AS FOTOGRAFIAS **1**, **2**, **3** E **4** NAS PÁGINAS A SEGUIR.

- QUAL DELAS VOCÊ ACHA QUE MOSTRA A ALAMEDA DOS BAOBÁS?
- O QUE VOCÊ IMAGINA QUE ESTÁ ESCRITO NOS TEXTOS DAS FOTOGRAFIAS?
- O TEXTO QUE ACOMPANHA AS FOTOGRAFIAS AJUDA A ENTENDÊ-LAS? POR QUÊ?

A *ADANSONIA GRANDIDIERI* É A ÁRVORE-ÍCONE DE MADAGASCAR. DEZENAS DE MILHARES DE ESTRANGEIROS VISITAM O PAÍS PARA CONHECER OS BAOBÁS.
(FOTO: © HAROLDO CASTRO/ÉPOCA)

- NOME DO FOTÓGRAFO QUE TIROU A FOTOGRAFIA
- NOME DA REVISTA ONDE O FOTÓGRAFO TRABALHA

CRIANÇAS DA ETNIA SAKALAVA BRINCAM EM UMA LAGOA.
(FOTO: © HAROLDO CASTRO/ÉPOCA)

96

DIFERENTES EXEMPLARES DE "BAOBÁS APAIXONADOS" TALHADOS EM MADEIRA SÃO OFERECIDOS AOS VISITANTES. (FOTO: © HAROLDO CASTRO/ÉPOCA)

A ESTRADA RN 8 CORTA UM TRECHO ONDE DEZENAS DE BAOBÁS AGLOMERAM-SE ÀS MARGENS DA RODOVIA. (FOTO: © HAROLDO CASTRO/ÉPOCA)

DISPONÍVEL EM: <http://epoca.globo.com/colunas-e-blogs/viajologia/noticia/2015/11/alameda-dos-baobas-em-madagascar-compoe-uma-das-paisagens-mais-belas-do-planeta.html>.
ACESSO EM: 19 MAIO 2017.

 **ESTUDO DO TEXTO**

1. CONVERSE COM O PROFESSOR E OS COLEGAS.
   - QUAL É O NOME DAS ÁRVORES MOSTRADAS NAS FOTOGRAFIAS?
   - ONDE ESSAS FOTOGRAFIAS FORAM TIRADAS?
   - QUEM TIROU AS FOTOGRAFIAS?
   - VOCÊ JÁ VIU UMA ÁRVORE PARECIDA COM ESSA EM ALGUM LUGAR?

2. ESCREVA O NÚMERO DA FOTOGRAFIA QUE MOSTRA:
   - EXEMPLARES DE "BAOBÁS APAIXONADOS". ☐
   - CRIANÇAS BRINCANDO. ☐

3. NUMERE OS TEXTOS ABAIXO DE ACORDO COM AS INFORMAÇÕES QUE ELES CONTÊM.

   | 1 NOME DE UM POVO QUE VIVE EM MADAGASCAR. | 2 ARTESANATO FEITO PELOS HABITANTES DO LOCAL. |

   ☐ CRIANÇAS DA ETNIA SAKALAVA BRINCAM EM UMA LAGOA.

   ☐ DIFERENTES EXEMPLARES DE "BAOBÁS APAIXONADOS" TALHADOS EM MADEIRA SÃO OFERECIDOS AOS VISITANTES.

   > UMA FOTOGRAFIA ACOMPANHADA DE UM TEXTO QUE EXPLICA SEU CONTEÚDO CHAMA-SE **FOTOLEGENDA**.

98

4. MARQUE **X** NA RESPOSTA CORRETA.

- A FOTOLEGENDA É UM TEXTO LONGO OU CURTO?

  ☐ LONGO.   ☐ CURTO.

- A FOTOLEGENDA AJUDA A ENTENDER A FOTOGRAFIA?

  ☐ SIM.   ☐ NÃO.

5. RELEIA A FOTOLEGENDA DA FOTOGRAFIA **1** COM O PROFESSOR.

> A *ADANSONIA GRANDIDIERI* É A ÁRVORE-ÍCONE DE MADAGASCAR. DEZENAS DE MILHARES DE ESTRANGEIROS VISITAM O PAÍS PARA CONHECER OS BAOBÁS. (FOTO: © HAROLDO CASTRO/ÉPOCA)

COPIE DA FOTOLEGENDA:

- O NOME DO PAÍS QUE TEM O BAOBÁ COMO ÍCONE;

  _____

- O NOME DA REVISTA EM QUE O FOTÓGRAFO TRABALHA.

  _____

6. ASSINALE AS INFORMAÇÕES VERDADEIRAS.

☐ MUITAS PESSOAS DE OUTROS PAÍSES VISITAM MADAGASCAR PARA CONHECER OS BAOBÁS.

☐ OS VISITANTES PODEM COMPRAR MINIATURAS DE BAOBÁS TALHADOS EM MADEIRA.

☐ HÁ BAOBÁS EM TODA A ESTRADA RN 8.

JOGO DE PALAVRAS

1. ORDENE AS PALAVRAS E FORME UMA LEGENDA PARA CADA IMAGEM.

| PARECEM | DO | RAÍZES. | GALHOS | BAOBÁ | OS |

| SÃO | "BAOBÁS | APAIXONADOS". | OS | ESTES |

100

ESTUDO DA ESCRITA

A LETRA B

1. O NOME DE ALGUM ALUNO DA TURMA COMEÇA PELA LETRA **B**?

_____

_____

2. RELEIA AS FOTOLEGENDAS DAS PÁGINAS 96 E 97.

- COPIE AS PALAVRAS ESCRITAS COM A LETRA **B**.

_____

- SEPARE AS SÍLABAS DAS PALAVRAS QUE VOCÊ COPIOU.

_____

3. COM O ALFABETO MÓVEL, FORME A PALAVRA **BAOBÁ**.

- QUE LETRA PODE SER TIRADA DESSA PALAVRA PARA FORMAR OUTRA COM SENTIDO? QUE PALAVRA FORMARÁ?

_____

- SE VOCÊ TIRAR A ÚLTIMA SÍLABA DE **BAOBÁ** E TROCAR A ORDEM DAS LETRAS QUE SOBRARAM, QUE PALAVRAS PODE FORMAR?

_____

4. MARQUE AS ÁRVORES QUE TÊM O NOME TERMINADO COM O MESMO SOM DE BAO**BÁ**.

☐ JATOBÁ   ☐ ARARIBÁ   ☐ PEROBA

• POR QUE VOCÊ NÃO MARCOU UMA DAS ÁRVORES?

5. LEIA AS PALAVRAS E CIRCULE A SÍLABA **BA**.

BABAÇU   ABACATEIRO   EMBAÚBA

• ENCONTRE A PALAVRA ESCONDIDA NO NOME DE CADA ÁRVORE E ESCREVA-A.

_____

_____

6. PINTE SOMENTE OS BRINQUEDOS QUE TÊM O NOME COMEÇADO COM **BO**.

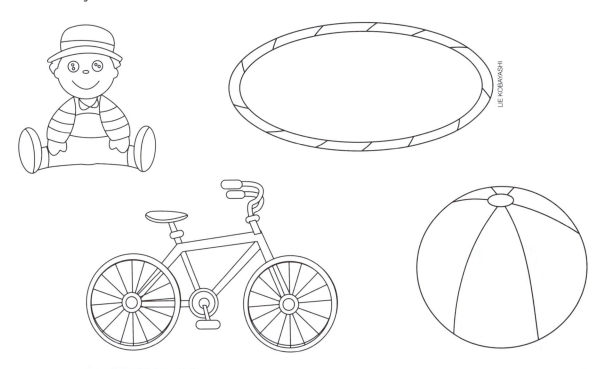

- ESCREVA O NOME DOS BRINQUEDOS QUE VOCÊ PINTOU.

- LEIA O NOME DOS BRINQUEDOS.
- O QUE VOCÊ PERCEBEU NO SOM DA VOGAL **O** NESSAS PALAVRAS?

7. CIRCULE COM AS CORES INDICADAS.

🟩 MESMO SOM INICIAL DA PALAVRA **BOLA**

🟧 MESMO SOM INICIAL DA PALAVRA **BONECO**

BOTA   BOLO   BOCA   BOLICHE

BODE   BOIADA   BOIA   BONÉ

LEITURA 2

COMO AS CRIANÇAS QUE NÃO ENXERGAM CONSEGUEM LER E ESCREVER?

VEJA A FOTOGRAFIA ABAIXO.

O QUE É POSSÍVEL SABER APENAS OBSERVANDO A IMAGEM?

POR QUE SERÁ QUE HÁ DEDOS SOBRE A ILUSTRAÇÃO DO CASTELO?

O QUE ESTA IMAGEM MOSTRA?

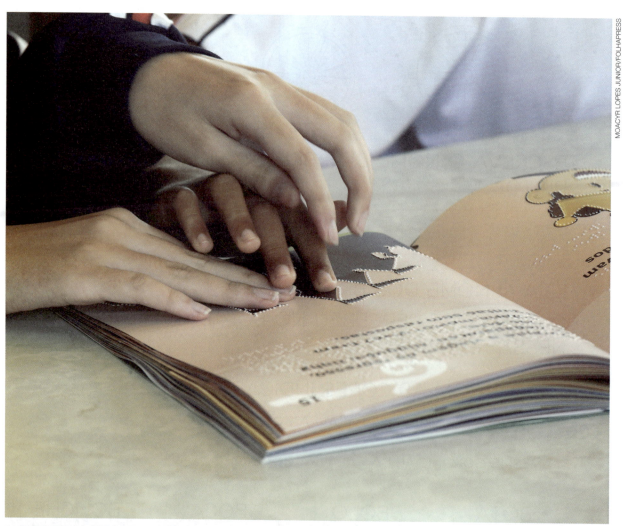

NO SISTEMA BRAILE, LETRAS E ILUSTRAÇÕES VIRAM PONTOS EM ALTO-RELEVO NO PAPEL. A PESSOA CEGA PASSA OS DEDOS SOBRE ELES E ENTENDE O TEXTO COM O TATO.

DISPONÍVEL EM: <www1.folha.uol.com.br/folhinha/2015/08/1673555-fundacao-lanca-primeira-biblioteca-on-line-para-cegos-do-brasil.shtml>. ACESSO EM: 9 FEV. 2017.

A FOTOLEGENDA FAZ PARTE DE UMA REPORTAGEM QUE FOI PUBLICADA EM UM *SITE*.

OUÇA UM TRECHO DA REPORTAGEM QUE SEU PROFESSOR VAI LER.

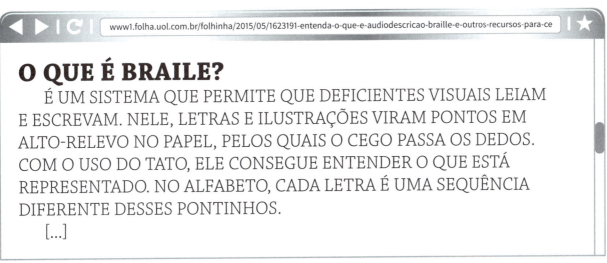

O QUE É BRAILE?

É UM SISTEMA QUE PERMITE QUE DEFICIENTES VISUAIS LEIAM E ESCREVAM. NELE, LETRAS E ILUSTRAÇÕES VIRAM PONTOS EM ALTO-RELEVO NO PAPEL, PELOS QUAIS O CEGO PASSA OS DEDOS. COM O USO DO TATO, ELE CONSEGUE ENTENDER O QUE ESTÁ REPRESENTADO. NO ALFABETO, CADA LETRA É UMA SEQUÊNCIA DIFERENTE DESSES PONTINHOS.

[...]

DISPONÍVEL EM: <www1.folha.uol.com.br/folhinha/2015/05/1623191-entenda-o-que-e-audiodescricao-braille-e-outros-recursos-para-cegos.shtml>. ACESSO EM: 9 FEV. 2017.

ALTO-RELEVO: IMPRESSÃO EM QUE CERTAS PARTES FICAM MAIS ALTAS QUE O FUNDO.
DEFICIENTE VISUAL: PESSOA QUE NÃO ENXERGA OU TEM BAIXA VISÃO.

VEJA O ALFABETO EM BRAILE.

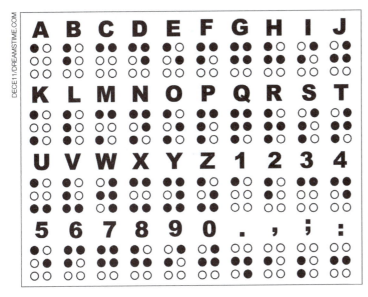

ALFABETO BRAILE. O SISTEMA BRAILE FOI INVENTADO POR VOLTA DE 1824 PELO FRANCÊS LOUIS BRAILLE, QUE FICOU CEGO AOS 3 ANOS DE IDADE.

ESTUDO DO TEXTO

1. EXPLIQUE COM SUAS PALAVRAS:
- COMO AS PESSOAS COM DEFICIÊNCIA VISUAL CONSEGUEM LER?
- O QUE É O SISTEMA BRAILE?

2. O PROFESSOR VAI RELER A LEGENDA.

> NO SISTEMA BRAILE, LETRAS E ILUSTRAÇÕES VIRAM PONTOS EM ALTO-RELEVO NO PAPEL. A PESSOA CEGA PASSA OS DEDOS SOBRE ELES E ENTENDE O TEXTO COM O TATO.

- MARQUE **X** NA OPÇÃO CORRETA.
  - ☐ A LEGENDA DESCREVE EXATAMENTE O QUE SE VÊ NA FOTOGRAFIA.
  - ☐ A LEGENDA COMPLEMENTA A IMAGEM PORQUE EXPLICA COMO FUNCIONA O SISTEMA BRAILE.

3. OBSERVE A FOTOGRAFIA E CONVERSE COM OS COLEGAS.

- POR QUE É IMPORTANTE QUE OS LUGARES ESTEJAM ADAPTADOS PARA RECEBER PESSOAS QUE NÃO ENXERGAM?

A LETRA D

1. NUMERE O NOME E APELIDO DOS DEDOS DA MÃO DE ACORDO COM A IMAGEM.

☐ ANULAR

☐ INDICADOR

☐ MATA-PIOLHO

☐ MÉDIO

☐ MÍNIMO

☐ PAI DE TODOS

☐ POLEGAR   ☐ FURA-BOLO

☐ MINDINHO   ☐ SEU-VIZINHO

2. CIRCULE A LETRA **D** NO NOME E APELIDO DOS DEDOS.

107

3. ACOMPANHE A LEITURA DO PROFESSOR. DEPOIS TENTE LER SOZINHO.

> NA PALAVRA "DEDO"
> O D DE "DE"
> É O MESMO D
> DE "DO": "DEDO".

JOSÉ PAULO PAES. *UMA LETRA PUXA A OUTRA*. SÃO PAULO: COMPANHIA DAS LETRINHAS, 2006. P. 9.

- MARQUE **X** NA OPÇÃO CORRETA. O POEMA DIZ QUE:

  ☐ AS LETRAS NÃO SE REPETEM NA MESMA PALAVRA.

  ☐ AS LETRAS PODEM SE REPETIR NA MESMA PALAVRA.

4. ACOMPANHE A LEITURA DO PROFESSOR.

COM A LETRA **D**
SE ESCREVE **D**EDO.
COM A LETRA **D**
SE ESCREVE **D**ADO.
COM A LETRA **D** SE ESCREVE:
DIA,
DOR,
DRAGÃO E
DELEGADO.

RUTH ROCHA. *PALAVRAS, MUITAS PALAVRAS*. SÃO PAULO: SALAMANDRA, 2013. P. 11.

- CIRCULE NO POEMA AS PALAVRAS EM QUE A LETRA **D** SE REPETE.

- PINTE AS LETRAS QUE DIFERENCIAM UMA PALAVRA DA OUTRA.

- ORDENE AS LETRAS E DESCUBRA A PALAVRA DO POEMA QUE RIMA COM **DADO**.

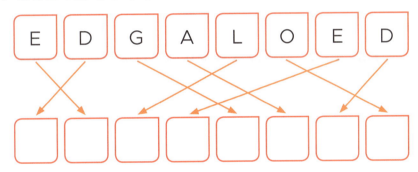

- O QUE MAIS SE ESCREVE COM A LETRA **D**?

5. O NOME DE ALGUM ALUNO DA TURMA COMEÇA PELA LETRA **D**?

109

PAUSA PARA BRINCAR

QUEBRA-CABEÇA

1. RECORTE E COLE AS PEÇAS DO QUEBRA-CABEÇA DO **MATERIAL COMPLEMENTAR** DA PÁGINA 249. FORME PALAVRAS.

ORALIDADE

LIVRO FALADO

IMAGINE QUE VOCÊ FOI CONVIDADO A CONTAR A HISTÓRIA DE UM LIVRO PARA UMA TURMA DE CRIANÇAS QUE NÃO ENXERGAM.

COM DOIS COLEGAS, ESCOLHAM O LIVRO QUE VÃO LER.

ESTUDEM A HISTÓRIA. QUANDO NÃO SOUBEREM O QUE ESTÁ ESCRITO, AS ILUSTRAÇÕES PODEM AJUDAR.

SE QUISEREM, PEÇAM AJUDA DE OUTRA PESSOA PARA LER COM VOCÊS.

TREINEM COMO VÃO CONTAR A HISTÓRIA. É IMPORTANTE:

- PRONUNCIAR BEM AS PALAVRAS;
- LER EM UM VOLUME DE VOZ QUE TODOS POSSAM OUVIR.

QUANDO ESTIVEREM BEM TREINADOS, O PROFESSOR GRAVARÁ A HISTÓRIA.

NO DIA COMBINADO, TODOS VÃO OUVIR AS GRAVAÇÕES.

QUE TAL ENCAMINHAR A GRAVAÇÃO PARA UMA INSTITUIÇÃO QUE TRABALHE COM CRIANÇAS DEFICIENTES VISUAIS?

PRODUÇÃO DE TEXTO

FOTOLEGENDA

AGORA É SUA VEZ DE ESCREVER UMA FOTOLEGENDA. DEPOIS A TURMA VAI ORGANIZAR NA SALA DE AULA UMA **EXPOSIÇÃO DE FOTOGRAFIAS**.

PLANEJAMENTO

VEJA ESTAS FOTOGRAFIAS DO CONHECIDO ESCRITOR E CARTUNISTA ZIRALDO.

ACOMPANHE A LEITURA DAS FOTOLEGENDAS QUE O PROFESSOR VAI FAZER.

ZIRALDO COM 6 ANOS, EM 1938.

ZIRALDO JOVEM, EM 1969.

ZIRALDO NAS GRAVAÇÕES DE UM DOS FILMES DE "O MENINO MALUQUINHO", EM 1997.

ZIRALDO DE MENINO MALUQUINHO, EM 2012.

OBSERVE QUE AS LEGENDAS TRAZEM INFORMAÇÕES QUE NÃO PODEMOS VER NA FOTOGRAFIA.

A EXPOSIÇÃO SERÁ MONTADA EM UM VARAL.

- EM CASA, PROCURE FOTOGRAFIAS SUAS DE QUE VOCÊ GOSTE.
- TIRE UMA CÓPIA DELAS.
- CONVERSE COM AS PESSOAS DE SUA FAMÍLIA PARA SABER QUANDO FORAM TIRADAS, QUEM APARECE NELAS, ONDE VOCÊ ESTAVA.

ESCRITA

COLE AS CÓPIAS DAS FOTOGRAFIAS EM UMA FOLHA DE PAPEL SULFITE.

ESCREVA A LEGENDA DE CADA FOTOGRAFIA. MOSTRE A UM COLEGA PARA ELE DIZER O QUE ACHA DE SEU TRABALHO.

AVALIAÇÃO

AS FOTOLEGENDAS COMUNICAM O QUE ESTÁ NAS FOTOGRAFIAS?

MOSTRE SEU TRABALHO AO PROFESSOR, QUE O AVALIARÁ.

SE PRECISAR, FAÇA ALTERAÇÕES.

EXPOSIÇÃO

PRENDA SUAS FOTOGRAFIAS NO VARAL DA SALA DE AULA.

O PROFESSOR VAI CONVIDAR ALUNOS DE OUTRAS TURMAS PARA APRECIAR A **EXPOSIÇÃO DE FOTOGRAFIAS**.

OUTRA LEITURA

DIZEM QUE O BAOBÁ PARECE UMA ÁRVORE DE PONTA-CABEÇA. POR QUE SERÁ? ESCUTE A HISTÓRIA QUE O PROFESSOR VAI LER.

A ÁRVORE DE CABEÇA PARA BAIXO

(UMA HISTÓRIA DA COSTA DO MARFIM)

NOS PRIMÓRDIOS DA VIDA, O CRIADOR FEZ SURGIR TUDO NO MUNDO. ELE CRIOU PRIMEIRO O BAOBÁ, E SÓ DEPOIS CONTINUOU A FAZER TUDO EXISTIR.

MAS AO LADO DO BAOBÁ HAVIA UM CHARCO. O CRIADOR HAVIA PLANTADO O PRIMOGÊNITO BEM PERTO DE UMA REGIÃO ALAGADIÇA. SEM VENTO, A SUPERFÍCIE DAQUELAS ÁGUAS FICAVA LISA COMO UM ESPELHO. O BAOBÁ SE OLHAVA, ENTÃO, NAQUELE ESPELHO-D'ÁGUA. ELE SE OLHAVA, SE OLHAVA E DIZIA INSATISFEITO:

– POR QUE NÃO SOU COMO AQUELA OUTRA ÁRVORE?

[...]

O BAOBÁ RESOLVEU, ENTÃO, SE QUEIXAR AO CRIADOR, QUE ESCUTOU POR UMA, DUAS HORAS AS RECLAMAÇÕES. ENTRE UMA QUEIXA E OUTRA, O CRIADOR COMENTAVA:

– VOCÊ É UMA ÁRVORE BONITA. EU GOSTO MUITO DE VOCÊ. ME DEIXE IR, POIS PRECISO CONTINUAR O MEU TRABALHO.

SANDRA LAVANDEIRA

114

[...]
JUSTO A ÁRVORE QUE O CRIADOR ACHAVA MARAVILHOSA, POIS NÃO ERA PARECIDA COM NENHUMA OUTRA, NUNCA FICAVA SATISFEITA! ATÉ QUE, UM DIA, O CRIADOR FOI FICANDO IRRITADO, IRRITADO, MAS MUITO IRRITADO, POIS NÃO TINHA MAIS TEMPO PRA NADA. FICOU IRADO MESMO. E AÍ ENTÃO SE VIROU PARA O BAOBÁ E DISSE:

– NÃO ME AMOLE MAIS! NÃO ENCHA MAIS A MINHA PACIÊNCIA. PARE DE DIZER QUE NA SUA VIDA FALTA ISSO E AQUILO. E CALE-SE AGORA.

FOI ENTÃO QUE O CRIADOR AGARROU O BAOBÁ, ARRANCOU-O DO CHÃO E O PLANTOU NOVAMENTE. SÓ QUE... DESSA VEZ, FOI DE PONTA-CABEÇA, PARA QUE ELE FICASSE DE BOCA CALADA.

ISSO EXPLICA SUA APARÊNCIA ESTRANHA; É COMO SE AS RAÍZES FICASSEM EM CIMA, NA COPA. PARECE UMA ÁRVORE VIRADA DE PONTA-CABEÇA!

[...]

HELOISA PIRES LIMA, GEORGES GNEKA E MÁRIO LEMOS. *A SEMENTE QUE VEIO DA ÁFRICA*. SÃO PAULO: SALAMANDRA, 2005. P. 14, 15, 16 E 17.

> **ALAGADIÇO:** QUE ALAGA.
> **CHARCO:** REGIÃO COM ÁGUA PARADA.
> **PRIMOGÊNITO:** O PRIMEIRO DOS IRMÃOS, O MAIS VELHO.

- QUEM SÃO OS PERSONAGENS DA HISTÓRIA?
- POR QUE O CRIADOR FICOU MUITO IRRITADO COM O BAOBÁ?
- COMO O TEXTO EXPLICA A APARÊNCIA DO BAOBÁ?
- CONVERSE COM OS COLEGAS SOBRE A HISTÓRIA QUE VOCÊ OUVIU. O QUE ELA ENSINA?

 RETOMADA

1. COM UM COLEGA, ESCREVA UMA LEGENDA PARA A FOTOGRAFIA A SEGUIR.

_____

_____

2. LEIA SOZINHO.

O BODE BOTA A PATA NO POTE DA PACA.

EVA FURNARI. *TRAVADINHAS*. SÃO PAULO: MODERNA, 2011. P. 22. (SÉRIE MIOLO MOLE).

• ESCREVA O NOME DAS IMAGENS.

_____   _____   _____   _____

3. ACOMPANHE A LEITURA DO PROFESSOR.

O DROMEDÁRIO DURÃO
TRAMOU O MAIOR DRAMALHÃO
DOBROU O DRAGÃO BOBÃO
TRAVOU O SEU PESCOÇÃO
DEITOU O DANADO NO CHÃO

ROSINHA. *ABC DO TRAVA-LÍNGUA*.
SÃO PAULO: EDITORA DO BRASIL, 2012. P. 7.

- COPIE AS PALAVRAS DO TRAVA-LÍNGUA ESCRITAS COM A LETRA **D**.

_____

_____

_____

- PINTE AS RIMAS DO TRAVA-LÍNGUA.
- ESCREVA OUTRAS PALAVRAS TERMINADAS EM **ÃO**. COMPLETE OS VERSOS.

O DROMEDÁRIO _____

TRAMOU O(A) MAIOR _____

DOBROU O DRAGÃO _____

TRAVOU O SEU _____

DEITOU O DANADO NO _____

117

PERISCÓPIO

📖 PARA LER

LUZ DOS MEUS OLHOS, DE CELSO SISTO. SÃO PAULO: EDITORA DO BRASIL, 2017.
A PERSONAGEM PRINCIPAL É UMA MENINA ALEGRE E INTELIGENTE, CUJO PAI É DEFICIENTE VISUAL. COM SENSIBILIDADE E RESPEITO, O AUTOR NOS FAZ REFLETIR NO QUANTO A VIDA PODE SER BELA, MESMO QUANDO PARECE DIFÍCIL ENXERGAR TAL BELEZA.

OBAX, DE ANDRÉ NEVES. SÃO PAULO: BRINQUE-BOOK, 2010.
OBAX É UMA MENINA AFRICANA MUITO CONHECIDA NA ALDEIA ONDE MORA. QUANDO O DIA AMANHECE, OBAX SAI EM BUSCA DE AVENTURAS E LEVA COM ELA MUITOS SONHOS E MUITA IMAGINAÇÃO.

▶ PARA ASSISTIR

MÃOS DE VENTO E OLHOS DE DENTRO: FILME SOBRE A AMIZADE ENTRE LIA, UMA MENINA CEGA, E TICO, UM MENINO SOLITÁRIO E CHEIO DE IMAGINAÇÃO.
DISPONÍVEL EM: <http://portacurtas.org.br/filme/?name=maos_de_vento_e_olhos_de_dentro>. ACESSO EM: 9 FEV. 2017.

UNIDADE 5
VERSOS PARA RECITAR

1. COMPLETE O PAINEL DE RIMAS COM AS PALAVRAS ABAIXO. DEPOIS ESCREVA MAIS UMA PALAVRA EM CADA ESPAÇO.

VIOLÃO   VIVIANA   VACA   JACA

VELA   JANELA   JOÃO   JULIANA

ANTES DE LER

FAÇA DE CONTA QUE VOCÊ ESTÁ BRINCANDO DE **CIRANDA, CIRANDINHA**.

LEIA OS TEXTOS DESTA PÁGINA E OS DA PÁGINA SEGUINTE.

QUAIS VOCÊ ESCOLHERIA PARA RECITAR AO FINAL DA BRINCADEIRA?

TEXTO 1

O QUE É, O QUE É?
FALTA NA CASA PARA FORMAR UM CASAL.

ADIVINHA.

TEXTO 2

BATATINHA QUANDO NASCE
ESPALHA A RAMA PELO CHÃO.
MENININHA QUANDO DORME
PÕE A MÃO NO CORAÇÃO.

QUADRINHA.

120

TEXTO 3

 www.obrasileirinho.com.br/bebe-mais-feliz-mundo-menina-prematura

BEBÊ MAIS FELIZ DO MUNDO É UMA MENINA PREMATURA DE 5 DIAS

BEBÊ MAIS FELIZ DO MUNDO É O TÍTULO DADO A UMA MENINA PREMATURA QUE TÃO LOGO COMPLETOU CINCO DIAS DE VIDA ESPALHOU UM SORRISO IRRADIANTE PARA TODOS OS CONFINS DO PLANETA E DAS GALÁXIAS.

ELA AGORA É MOTIVO DE INSPIRAÇÃO PARA OS PAIS DE BEBÊS RECÉM-NASCIDOS PREMATUROS, EM TODOS OS LUGARES DO MUNDO, GRAÇAS A SUA FOTO SORRINDO QUE JÁ SE TORNOU VIRAL NA INTERNET.

[...]

JACKSON RUBEM. *O BRASILEIRINHO*, 22 OUT. 2016. DISPONÍVEL EM: <www.obrasileirinho.com.br/bebe-mais-feliz-mundo-menina-prematura>. ACESSO EM: 23 AGO. 2017.

TEXTO 4

SE EU FOSSE MUITO GRANDE
E A MAMÃE, PEQUENININHA,
EU SERIA A MAMÃE DELA
E ELA, A MINHA FILHINHA!

QUADRINHA.

121

LEITURA 1

OBSERVE OS TEXTOS A SEGUIR. VOCÊ SABE QUE TEXTOS SÃO ESTES?

RECITE-OS COM O PROFESSOR E OS COLEGAS.

EU GOSTO DA LETRA **A**
POR ELA TENHO PAIXÃO
COM ELA POSSO ESCREVER
AMIGO DO CORAÇÃO.

QUADRINHA.

O CRAVO POR SER POETA
PEDIU À ROSA UM BOTÃO,
A ROSA POR SER INGRATA
JOGOU O CRAVO NO CHÃO.

QUADRINHA.

QUEM QUISER SABER MEU NOME
DÊ UMA VOLTA NO JARDIM
QUE O MEU NOME ESTÁ ESCRITO
NUMA FOLHA DE JASMIM.

QUADRINHA.

122

ESTUDO DO TEXTO

1. RESPONDA:

- VOCÊ SABE POR QUE OS TEXTOS DA PÁGINA ANTERIOR SÃO CHAMADOS DE QUADRINHAS?
- O QUE É TER UM "AMIGO DO CORAÇÃO"? VOCÊ TEM ALGUM?
- QUE SENTIMENTO O CRAVO DEMONSTROU PELA ROSA?

2. RELEIA A QUADRINHA.

> QUEM QUISER SABER MEU NOME
> DÊ UMA VOLTA NO JARDIM
> QUE O MEU NOME ESTÁ ESCRITO
> NUMA FOLHA DE JASMIM.

- AONDE É PRECISO IR PARA SABER O NOME DA PESSOA QUE FALA NA QUADRINHA?

_____

- PINTE OS VERSOS QUE TERMINAM COM O MESMO SOM.

3. COMPLETE A QUADRINHA COMO QUISER. DEPOIS LEIA PARA OS COLEGAS.

EU GOSTO DA LETRA _____
POR ELA TENHO PAIXÃO
COM ELA POSSO ESCREVER
_____ DO MEU CORAÇÃO.

123

4. LEIA COM A AJUDA DO PROFESSOR.

O CRAVO BRIGOU COM A ROSA
DEBAIXO DE UMA SACADA
O CRAVO SAIU FERIDO
E A ROSA, DESPEDAÇADA.

O CRAVO FICOU DOENTE
A ROSA FOI VISITAR
O CRAVO TEVE UM DESMAIO
E A ROSA PÔS-SE A CHORAR.

CANTIGA.

- VOCÊ CONHECE ALGUMA QUADRINHA QUE CONTE ALGO SOBRE O CRAVO E A ROSA?
- EM QUE A CANTIGA É DIFERENTE DA QUADRINHA?
- NA QUADRINHA E NA CANTIGA HÁ RIMAS?
- EM UMA BRINCADEIRA DE RODA, QUAL DAS DUAS FORMAS É MAIS ADEQUADA: A QUADRINHA OU A CANTIGA? POR QUÊ?

> AS **QUADRINHAS**, TAMBÉM CHAMADAS DE QUADRAS OU TROVAS, SÃO TEXTOS POÉTICOS FORMADOS POR QUATRO VERSOS. GERALMENTE O SEGUNDO VERSO RIMA COM O QUARTO. EM ALGUNS CASOS, O PRIMEIRO VERSO TAMBÉM RIMA COM O TERCEIRO.

124

A LETRA F

1. LEIA ESTA QUADRINHA COM O PROFESSOR.

> NÃO SEI SE É FATO OU SE É FITA.
> NÃO SEI SE É FITA OU SE É FATO.
> O FATO É QUE ELA ME FITA
> ME FITA MESMO DE FATO.

MARQUE **X** NAS RESPOSTAS.

- QUAL É O SENTIDO DA PALAVRA **FATO** NA QUADRINHA?

  ☐ FATO É O MESMO QUE **VERDADE**.

  ☐ FATO É UM TIPO DE ROUPA.

- COM QUAIS SENTIDOS A PALAVRA **FITA** FOI UTILIZADA?

  ☐ FITA É O MESMO QUE **FINGIMENTO**.

  ☐ FITA É UMA TIRA USADA PARA AMARRAR OU ENFEITAR.

  ☐ FITA É O MESMO QUE **OLHA**, **OBSERVA**.

2. CIRCULE AS PALAVRAS QUE COMEÇAM COM A LETRA **F**. COPIE-AS.

3. PINTE AS LETRAS QUE MUDAM DE UMA PALAVRA PARA A OUTRA.

F I T A   F A T O

- REÚNA-SE COM ALGUNS COLEGAS E FORMEM UM GRUPO. TROQUEM AS CONSOANTES DA PALAVRA **FATO**, FORMEM PALAVRAS COM O ALFABETO MÓVEL E AS ESCREVAM A SEGUIR.

_____

_____

- AGORA TROQUEM AS VOGAIS. FORMEM OUTRA PALAVRA.

_____

4. O NOME DE ALGUM ALUNO DA TURMA COMEÇA PELA LETRA **F**?

_____

5. LEIA ESTA QUADRINHA COM O PROFESSOR.

> LÁ EM CIMA DAQUELA SERRA
> TEM DUAS FITAS BALANÇANDO;
> NÃO É FITA, NÃO É NADA,
> É MEU AMOR QUE VEM CHEGANDO.

- CIRCULE AS PALAVRAS QUE COMEÇAM COM A LETRA **F**.
- O QUE HÁ DE DIFERENTE NESSAS PALAVRAS?

A LETRA J

1. RECITE A QUADRINHA COM O PROFESSOR E OS COLEGAS.

– JÁ JANTOU, JABUTI? – ORA ESSA!
JANTEI JACA E JABUTICABA.
JABUTI JANTA DEPRESSA
COM JABUTICABA E JACA.

JOSÉ PAULO PAES. *UMA LETRA PUXA A OUTRA*.
SÃO PAULO: COMPANHIA DAS LETRINHAS, 2006. P. 21.

- COPIE A PERGUNTA QUE É FEITA NA QUADRINHA.

_____

- O QUE O JABUTI JANTOU?

_____

- COPIE AS PALAVRAS DA QUADRINHA QUE COMEÇAM COM A LETRA **J**.

_____

_____

_____

2. DESCUBRA E ESCREVA A PALAVRA ESCONDIDA.

_____

127

3. LEIA EM VOZ ALTA E PINTE DE ACORDO COM A LEGENDA.

🟨 1 SÍLABA   🟩 2 SÍLABAS   🟥 3 SÍLABAS   🟦 4 OU MAIS SÍLABAS

| JABUTI | JÁ | JABUTICABA | JACA |

4. DESCUBRA COMO SE CHAMA A FÊMEA DO JABUTI. ESCREVA A PRIMEIRA LETRA DO NOME DE CADA ALIMENTO A SEGUIR.

- ESCREVA A PALAVRA QUE VOCÊ DESCOBRIU.

_____

- QUE PALAVRA ESTÁ ESCONDIDA NO NOME DA FÊMEA DO JABUTI?

_____

5. O NOME DE ALGUM ALUNO DA TURMA COMEÇA PELA LETRA **J**?

_____

_____

_____

PAUSA PARA BRINCAR

CAÇA-RIMAS

1. CONVIDE UM COLEGA PARA BRINCAR. RECORTE AS CARTAS DO **MATERIAL COMPLEMENTAR** DA PÁGINA 251. DISTRIBUA 10 CARTAS PARA VOCÊ E 10 CARTAS PARA O COLEGA. O PROFESSOR VAI ENSINAR A BRINCADEIRA.

LEITURA 2

RECITE AS QUADRINHAS COM O PROFESSOR E OS COLEGAS.

EU TE AMO, DISSE ELA,
NUM DIA, TODA GENTIL.
ESSE DIA, MEUS SENHORES,
ERA 1º DE ABRIL!

QUADRINHA.

FUI FAZER A MINHA CAMA
ME ESQUECI DO COBERTOR
DEU UM VENTO NA ROSEIRA
ENCHEU MINHA CAMA DE FLOR.

QUADRINHA.

SE ESTE LIVRO FOR PERDIDO
E POR ACASO FOR ACHADO,
PARA SER BEM CONHECIDO
LEVA MEU NOME ASSINADO.

QUADRINHA.

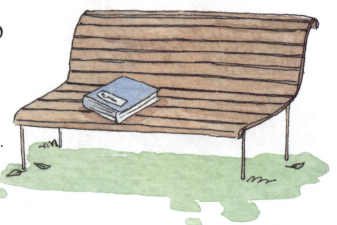

ESTUDO DO TEXTO

1. RELEIA A PRIMEIRA QUADRINHA E RESPONDA:
- A QUEM A PALAVRA "ELA" PODE SE REFERIR?
- AFINAL, ELA AMA OU NÃO AMA? POR QUÊ?
- QUE PALAVRA RIMA COM "GENTIL"?

2. RELEIA A SEGUNDA QUADRINHA E RESPONDA:
- O QUE É "FAZER A CAMA"?
- QUE TIPO DE FLOR ENCHEU A CAMA?

- QUE PALAVRAS DA QUADRINHA TERMINAM COM O MESMO SOM?

3. RELEIA A TERCEIRA QUADRINHA E RESPONDA.
- A QUADRINHA TRAZ ALGUM ENSINAMENTO? QUAL?
- COMO SÃO AS RIMAS NESSA QUADRINHA?
- COPIE DO TEXTO AS PALAVRAS QUE RIMAM.

4. CONTE AOS COLEGAS DE QUAL QUADRINHA VOCÊ GOSTOU MAIS.
- POR QUE VOCÊ ESCOLHEU ESSA QUADRINHA?
- PARA QUEM VOCÊ RECITARIA ESSA QUADRINHA?

A LETRA V

1. LEIA A QUADRINHA COM O PROFESSOR.

IOGURTE VEM NO COPINHO,
QUEIJO SE CORTA COM ,
OS DOIS TÊM ALGO EM COMUM,
SÃO FEITOS COM LEITE DE .

RENATA BUENO. *CACHORRO TEM DIA DE CÃO?*
SÃO PAULO: EDITORA DO BRASIL, 2012. P. 16.

- ESCREVA O NOME DAS ILUSTRAÇÕES.

_____   _____

- LEIA AS PALAVRAS QUE VOCÊ ESCREVEU. O QUE ELAS TÊM EM COMUM NA FALA?
- O QUE É DE DIFERENTE NA ESCRITA DELAS?
- TROQUE A PRIMEIRA LETRA E ESCREVA OUTRAS PALAVRAS.

_____   _____   _____

2. O NOME DE ALGUM ALUNO DA TURMA COMEÇA PELA LETRA **V**?

_____

A LETRA Q

1. LEIA MAIS UMA QUADRINHA.

> MANDEI FAZER UM BARQUINHO
> DA CASCA DO CAMARÃO
> MAS FICOU PEQUENININHO
> NÃO COUBE MEU CORAÇÃO.
>
> QUADRINHA.

- CIRCULE NA QUADRINHA AS PALAVRAS ESCRITAS COM **Q**.
- SEPARE AS SÍLABAS DAS PALAVRAS QUE VOCÊ CIRCULOU.

_____

_____

- NA RESPOSTA DO ITEM ANTERIOR, AS LETRAS **QU**:

  ☐ FICARAM NA MESMA SÍLABA.

  ☐ FICARAM EM SÍLABAS SEPARADAS.

2. LEIA ESTAS PALAVRAS EM VOZ ALTA.

BAR**Q**UINHO   **C**AMARÃO

PE**Q**UENININHO   **C**ORAÇÃO

- O SOM DO **Q** E DO **C** NESSAS PALAVRAS É:

  ☐ IGUAL.   ☐ DIFERENTE.

3. LEIA O NOME DOS ANIMAIS COM O PROFESSOR.

ESQUILO   QUEIXADA   QUATI

- QUE LETRA VEM LOGO DEPOIS DO **Q** NESSAS PALAVRAS?

  _____

- EM QUAL DESSAS PALAVRAS A LETRA **U** É PRONUNCIADA?

  _____

- EM QUAIS DESSAS PALAVRAS A LETRA **U** NÃO É PRONUNCIADA?

  _____

4. ESCREVA O NOME DAS IMAGENS. SE PRECISAR, CONSULTE AS PALAVRAS DO QUADRO.

_____   _____   _____   _____

| CAQUI | QUEIJO | QUIABO |
| LEQUE | QUERIDO | QUIBE |

134

PRODUÇÃO DE TEXTO

QUADRINHA

VOCÊ VAI PESQUISAR UMA QUADRINHA PARA ORGANIZAR COM OS COLEGAS UMA **PEQUENA COLETÂNEA DE QUADRINHAS**.

DEPOIS, CADA DIA UM ALUNO PODERÁ LEVAR O LIVRO PARA RECITAR EM CASA.

PLANEJAMENTO

CONVERSE COM PESSOAS DA SUA FAMÍLIA E PEÇA A ELAS QUE LHE ENSINEM UMA QUADRINHA.

ESCRITA

ESCREVA NAS LINHAS ABAIXO A QUADRINHA QUE VOCÊ APRENDEU.

___

___

___

___

- QUAL É O TEMA DA QUADRINHA?
- VOCÊ GOSTOU DELA? POR QUÊ?

AVALIAÇÃO

RELEIA A QUADRINHA QUE VOCÊ ESCREVEU E COMPLETE A TABELA.

	SIM	NÃO
• A QUADRINHA ESTÁ ESCRITA EM VERSOS?		
• VOCÊ ESCREVEU QUATRO VERSOS?		
• O SEGUNDO VERSO RIMA COM O QUARTO?		
• VOCÊ ENTENDEU A QUADRINHA?		
• SABE O SIGNIFICADO DE TODAS AS PALAVRAS?		

REESCRITA

CORRIJA O QUE FOR NECESSÁRIO.

ESCREVA SUA QUADRINHA NO ESPAÇO DA PÁGINA SEGUINTE.

FAÇA UM DESENHO DA QUADRINHA.

ESCREVA SEU NOME, RECORTE A PÁGINA E ENTREGUE-A AO PROFESSOR, QUE ORGANIZARÁ A COLETÂNEA.

CLAUDIA MARIANNO

136

137

ORALIDADE

RECITAL DE QUADRINHAS

NESTA UNIDADE, VOCÊ RECITOU MUITAS QUADRINHAS.

O PROFESSOR VAI ORGANIZAR A TURMA EM GRUPOS DE QUATRO ALUNOS.

CADA GRUPO VAI RECITAR UMA QUADRINHA.

ESCOLHA COM OS COLEGAS DE SEU GRUPO A QUADRINHA QUE VOCÊS VÃO RECITAR.

COPIE O TEXTO NAS LINHAS A SEGUIR.

_____

_____

_____

_____

CADA INTEGRANTE DO GRUPO RECITARÁ UM VERSO. PINTE O VERSO QUE VOCÊ VAI RECITAR.

MEMORIZE SEU VERSO E ENSAIE A LEITURA DELE COM O GRUPO.

O PROFESSOR VAI CONVIDAR ALUNOS DE OUTRAS TURMAS PARA OUVIR A RECITAÇÃO DE QUADRINHAS.

NO DIA DA APRESENTAÇÃO, ORGANIZEM-SE NA FRENTE DA SALA DE AULA.

FALEM EM UM TOM DE VOZ ADEQUADO, NEM MUITO ALTO, NEM MUITO BAIXO.

139

OUTRA LEITURA

ACOMPANHE A LEITURA DO PROFESSOR.

CINCO TROVINHAS PARA DUAS MÃOZINHAS

1

Ó MÃOZINHAS BULIÇOSAS!
NÃO ME DÃO SOSSEGO OU PAZ,
VOLTA E MEIA ELAS APRONTAM
UMA REINAÇÃO: ZÁS-TRÁS!

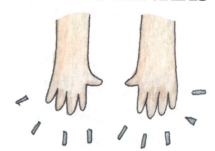

2

TACAM BOLA NA VIDRAÇA,
JOGAM ÁGUA PELO CHÃO,
PUXAM PELO RABO O GATO,
METEM DEDOS NO PIRÃO.

- DE QUEM DEVEM SER AS DUAS MÃOZINHAS?
- POR QUE AS MÃOZINHAS SÃO BULIÇOSAS?

3

QUEBRAM PRATOS, BATEM PORTAS,
BOTAM SOM ALTO A BERRAR...
Ó MÃOZINHAS IRREQUIETAS,
COMO SABEM ARRELIAR!

4

MAS SE CHEGAM CARINHOSAS
QUANDO QUEREM ME AGRADAR
— QUE DELÍCIA DE MÃOZINHAS!
JÁ NÃO POSSO ME ZANGAR...

5

NÃO RESISTO ÀS COVINHAS,
À FOFURA, À MACIEZ
DAS MÃOZINHAS BULIÇOSAS:
ME DERRETO DUMA VEZ!

TATIANA BELINKY. *CINCO TROVINHAS PARA DUAS MÃOZINHAS*. SÃO PAULO: EDITORA DO BRASIL, 2008. P. 4, 7-8 E 11-12.

- DE QUEM VOCÊ ACHA QUE É A VOZ QUE FALA NAS TROVINHAS?

RETOMADA

1. TROQUE OS DESENHOS POR PALAVRAS E ESCREVA A QUADRINHA.

_____

_____

_____

2. RECORTE OS VERSOS DO **MATERIAL COMPLEMENTAR** DA PÁGINA 251. LEIA CADA UM COM A AJUDA DO PROFESSOR E ORDENE-OS. DEPOIS COLE-OS AQUI.

3. COMPLETE AS QUADRINHAS COM AS PALAVRAS DOS QUADROS.

PÓ   CIPÓ   VOVÓ

NA CASINHA DA _____,

CERCADINHA DE _____,

O CAFÉ TÁ DEMORANDO,

COM CERTEZA NÃO TEM _____.

DOMÍNIO PÚBLICO.

ABACATE   CHOCOLATE   ABACATEIRO

PLANTEI UM _____

PARA COMER _____,

MAS NÃO SEI O QUE PLANTAR

PARA COMER _____.

DOMÍNIO PÚBLICO.

- RECITE COM OS COLEGAS AS QUADRINHAS QUE VOCÊ COMPLETOU.

143

PERISCÓPIO

📖 PARA LER

O MENINO AZUL, DE CECÍLIA MEIRELES. SÃO PAULO: GLOBAL, 2013.
JÁ PENSOU TER UM BURRINHO MANSO, QUE SAIBA CONVERSAR, PARA VIAJAR PELO MUNDO? ENTRE NESSA POESIA QUE ENCANTA E FAZ SONHAR.

VISITANTE DO BARULHO, DE JUSSARA BRAGA. SÃO PAULO: EDITORA DO BRASIL, 2011.
BRINCANDO COM AS PALAVRAS DE MODO CRIATIVO, A AUTORA CONTA, DE FORMA POÉTICA E ALEGRE, A HISTÓRIA DE UM RATINHO BEM ATRAPALHADO, QUE TROCA TUDO DE LUGAR. NO MEIO DESSA BAGUNÇA, OUTROS BICHINHOS APARECEM, MAS A CENA É MESMO DESSE RATO SAPECA.

▶ PARA ASSISTIR

O PEQUENO PRÍNCIPE, DIREÇÃO DE MARK OSBORNE, 2015.
CLÁSSICO DA LITERATURA FRANCESA SOBRE UM PILOTO QUE CAI NO DESERTO E ENCONTRA O PEQUENO PRÍNCIPE. JUNTOS, ELES APRENDEM MUITAS COISAS SOBRE A POESIA ESCONDIDA NA HUMANIDADE.

UNIDADE 6
QUADRINHOS QUE CONTAM HISTÓRIAS

1. RELACIONE AS CARTAS QUE FORMAM PAR.

ILUSTRAÇÕES: RODRIGO ARRAYA

145

 ANTES DE LER

1. LEIA OS QUADRINHOS.

MAURICIO DE SOUSA. *MÔNICA*. SÃO PAULO: GLOBO, 2006. P. 89.
(COLEÇÃO AS MELHORES TIRAS).

- CONTE O QUE VOCÊ ENTENDEU.
- QUE HISTÓRIA OS LEITORES PRECISAM CONHECER PARA ENTENDER A TIRINHA?

2. CONVERSE COM OS COLEGAS E O PROFESSOR.

- VOCÊ ACHA QUE AS HISTÓRIAS EM QUADRINHOS SÃO SEMPRE DO MESMO TAMANHO?
- O FORMATO DOS QUADROS É SEMPRE IGUAL?
- OS PERSONAGENS SÃO SEMPRE OS MESMOS?
- EM UMA HISTÓRIA EM QUADRINHOS HÁ APENAS PALAVRAS?

SOBRE O AUTOR

MAURICIO DE SOUSA É UM DOS CARTUNISTAS MAIS FAMOSOS DO BRASIL. EM SUAS HISTÓRIAS EM QUADRINHOS, CRIOU PERSONAGENS MUITO CONHECIDOS, COMO A MÔNICA, O CASCÃO, O CEBOLINHA E A MAGALI.

OBSERVE AS CENAS E ACOMPANHE A LEITURA DO PROFESSOR.

MAURICIO DE SOUSA. *ALMANAQUE HISTORINHAS DE UMA PÁGINA*, BARUERI: PANINI, N. 3, P. 18, SET. 2008.

ESTUDO DO TEXTO

1. VOCÊ ENTENDEU A HISTÓRIA DEPOIS DE OBSERVAR AS CENAS E OUVIR O QUE ESTÁ ESCRITO NOS BALÕES?

☐ SIM.   ☐ EM PARTE.   ☐ NÃO.

2. OBSERVE O PRIMEIRO QUADRINHO DA HISTÓRIA.

- CIRCULE A PERSONAGEM QUE FALA NESSA CENA.

- PINTE NO QUADRINHO O BALÃO QUE DEVE SER LIDO PRIMEIRO.
- O QUE CHAPEUZINHO VERMELHO ESTÁ FAZENDO NESSE QUADRINHO?
- COMO O LOBO PARECE ESTAR? PINTE A RESPOSTA.

| FAMINTO. | ASSUSTADO. | ZANGADO. |

148

3. OBSERVE O SEGUNDO QUADRINHO.

- QUE PALAVRAS VOCÊ RECONHECE?

_____

_____

- DE QUEM SÃO AS FALAS DESSE QUADRINHO?

_____

- O QUE O LOBO TENTOU FAZER COM A MENINA? O QUE VOCÊ OBSERVOU PARA RESPONDER?

_____

_____

- COMO A MENINA REAGIU AO VER O LOBO?

_____

_____

_____

149

4. REVEJA O TERCEIRO QUADRINHO.

- PELA FALA DA CHAPEUZINHO, É POSSÍVEL DEDUZIR QUE:

  ☐ ELA CONHECE A MAGALI.

  ☐ ELA NÃO CONHECE A MAGALI.

- E O LOBO, SABE QUEM É A MAGALI? EXPLIQUE SUA RESPOSTA.

  _____

  _____

- QUAL FOI A REAÇÃO DO LOBO AO OUVIR O NOME DA MAGALI? VOCÊ SABE POR QUÊ?

  _____

  _____

- A QUE REVISTA O LOBO SE REFERE?

  _____

  _____

5. REVEJA AGORA O ÚLTIMO QUADRINHO.

- VOCÊ IMAGINOU QUE O FINAL DA HISTÓRIA SERIA ESSE?

_____

_____

- EXPLIQUE POR QUE A HISTÓRIA É ENGRAÇADA.

_____

_____

6. AO LER UMA HISTÓRIA EM QUADRINHOS, É PRECISO SEGUIR UMA ORDEM? EXPLIQUE SUA RESPOSTA.

_____

_____

_____

_____

151

ESTUDO DA ESCRITA

A LETRA L

1. OBSERVE A CENA E LEIA O QUE ESTÁ ESCRITO NO BALÃO.

- O QUE A CENA LEMBRA?
- O QUE HÁ DE ESTRANHO NELA?
- POR QUE O AUTOR COLOCOU O CASCÃO NO LUGAR DE UM DOS PORQUINHOS?

2. CIRCULE OS PERSONAGENS QUE APARECEM NA CENA.

MAGALI   LOBO

PORQUINHOS   CASCÃO

3. BRINQUE COM A PALAVRA **LOBO**.
- TROQUE A POSIÇÃO DAS SÍLABAS.

_____

- TROQUE A PRIMEIRA SÍLABA POR OUTRA.

_____

_____

_____

4. DESCUBRA A PALAVRA ESCONDIDA.

 LUVA → _____

 LAGOSTA → _____

 LOURO → _____

LIMÃO → _____

5. LIGUE AS IMAGENS AOS NOMES.

 LIXO

 LANCHE

 LÁPIS

LEITE

- O QUE TODAS AS PALAVRAS TÊM EM COMUM?

_____

6. OBSERVE O EXEMPLO E CONTINUE.

- LEITE – LEITEIRA
- LANCHE – _____
- LIXO – _____
- LÁPIS – _____

153

JOGO DE PALAVRAS

1. OBSERVE O NÚMERO DE LETRAS DO NOME DE ALGUNS ANIMAIS E COMPLETE O DIAGRAMA ABAIXO.

4 LETRAS	5 LETRAS	6 LETRAS
LEÃO	LESMA	LÊMURE
7 LETRAS	**8 LETRAS**	**9 LETRAS**
LAGOSTA	LEOPARDO	LAGARTIXA

154

LEITURA 2

ANTES DE LER A HISTÓRIA EM QUADRINHOS DA PÁGINA SEGUINTE, CONHEÇA:

O PERSONAGEM REX, UM DINOSSAURO CRIADO PELO ILUSTRADOR IVAN ZIGG.

IVAN ZIGG, AUTOR E ILUSTRADOR DO LIVRO QUE REÚNE MUITAS HISTÓRIAS EM QUADRINHOS COM O REX.

A CAPA DO LIVRO DE HISTÓRIAS EM QUADRINHOS DE IVAN ZIGG EM QUE O REX É PERSONAGEM PRINCIPAL.

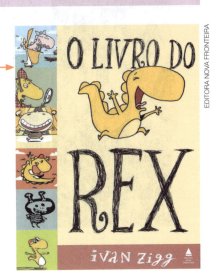

- VOCÊ JÁ CONHECIA O PERSONAGEM REX? DE ONDE?
- VOCÊ JÁ CONHECIA O AUTOR IVAN ZIGG? DE ONDE?
- VOCÊ JÁ LEU *O LIVRO DO REX*?

155

OBSERVE APENAS OS DESENHOS, SEM LER O TEXTO. DEPOIS, ESCUTE A LEITURA DO PROFESSOR.

IVAN ZIGG. *O LIVRO DO REX*. RIO DE JANEIRO: NOVA FRONTEIRA, 2013. E-BOOK.

ESTUDO DO TEXTO

1. APENAS OBSERVANDO AS IMAGENS, VOCÊ ENTENDEU A HISTÓRIA E O QUE ACONTECEU COM OS PERSONAGENS?

2. HÁ QUANTOS QUADRINHOS NA HISTÓRIA? ☐

3. COMPLETE AS FRASES LIGANDO OS ITENS ÀS INFORMAÇÕES CORRESPONDENTES.

| OS QUADRINHOS | AJUDAM A ENTENDER A HISTÓRIA. |
| OS DESENHOS | TÊM UMA SEQUÊNCIA DE LEITURA. |

4. RESPONDA:
   - QUAL É O TÍTULO DA HISTÓRIA EM QUADRINHOS?
   _____
   - QUEM SÃO OS PERSONAGENS?
   _____

5. VEJA NOVAMENTE O PRIMEIRO QUADRINHO.

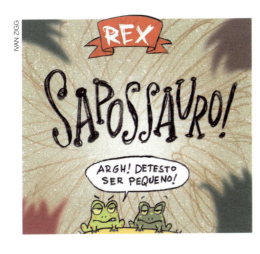

- A FALA E A EXPRESSÃO DO SAPO VERDE-CLARO DEMONSTRAM QUE ELE ESTÁ:
  ☐ CANSADO.
  ☐ DESCONTENTE.
  ☐ COM SONO.

157

6. VEJA AGORA O SEGUNDO QUADRINHO DA HISTÓRIA:

- NESSA CENA, O QUE A EXPRESSÃO DO SAPO VERDE-ESCURO QUER DIZER?

_____

_____

- O QUE INDICA A NOTA MUSICAL QUE APARECE NA CENA?

_____

_____

_____

7. OBSERVE OS QUADRINHOS A SEGUIR E CONVERSE COM OS COLEGAS.

- QUAIS RECURSOS MOSTRAM QUE O SAPO ESTÁ FAZENDO FORÇA E SE ENCHENDO DE AR CADA VEZ MAIS?

- O QUE A EXPRESSÃO DO SAPO VERDE-ESCURO MOSTRA AO LEITOR?

158

8. OBSERVE MAIS UM QUADRINHO.

- O QUE SIGNIFICA "SPOU"?
- O QUE OS PEDACINHOS VERDES REPRESENTAM?

9. PINTE A MORAL DA HISTÓRIA.

- O QUE SIGNIFICA "CROAC"?

_____

- POR QUE O SAPO QUERIA SER DO TAMANHO DO DINOSSAURO?

_____

- ELE CONSEGUIU O QUE QUERIA?

_____

- ESSA HISTÓRIA TRANSMITE ALGUM ENSINAMENTO? QUAL?

_____

_____

# ESTUDO DA ESCRITA

A LETRA S

1. LEIA:

OLHA O DENTRO DO SACO

O COM O SAPO DENTRO

O SAPO BATENDO PAPO

E O PAPO SOLTANDO  .

TRAVA-LÍNGUA.

• CIRCULE O NOME DAS IMAGENS.

 PAPO   SAPO   SAPA

 SOPA   SECO   SACO

 VENTO   TENTO   LENTO

2. LEIA AS PALAVRAS.

SAPO   SACO

CIRCULE O QUE MUDA DE UMA PALAVRA PARA OUTRA.

- UMA LETRA
- O SIGNIFICADO DA PALAVRA
- A PRONÚNCIA
- A PRIMEIRA SÍLABA

3. ORDENE AS LETRAS E FORME PALAVRAS.

_____   _____   _____

4. DESCUBRA A PALAVRA ESCONDIDA E DESENHE-A.

SACOLA → _____   SALADA → _____

_____   _____

161

PAUSA PARA BRINCAR

JOGO DA MEMÓRIA

1. RECORTE AS CARTAS DO **MATERIAL COMPLEMENTAR** DA PÁGINA 253. CONVIDE UM COLEGA PARA BRINCAR. O PROFESSOR VAI EXPLICAR AS REGRAS.

SAPO	LOBO	BOLA
SAPATO	SOPA	SUCO
LEÃO	BALEIA	SALADA

ORALIDADE

CONSTRUÇÃO ORAL DA HISTÓRIA

VEJA A REPRODUÇÃO DA CAPA DE UMA REVISTA EM QUADRINHOS.

1. LEIA O NOME DA REVISTA E CONVERSE COM OS COLEGAS.
   - A ILUSTRAÇÃO DA CAPA COMBINA COM O NOME DA REVISTA? POR QUÊ?
   - COMO VOCÊ ACHA QUE MAURICIO DE SOUSA CONTOU AS HISTÓRIAS DESSA REVISTA?

NAS PÁGINAS A SEGUIR, VOCÊ VAI CONHECER UMA HISTÓRIA EM QUADRINHOS SEM PALAVRAS, RETIRADA DESSA REVISTA.

O PERSONAGEM PRINCIPAL É O MONICÃO, O CACHORRO DE ESTIMAÇÃO DA MÔNICA.

O QUE SERÁ QUE ELE FEZ QUANDO SUA DONA O CHAMOU PARA TOMAR BANHO?

CONTE A HISTÓRIA ORALMENTE PARA UM COLEGA.

163

MAURICIO DE SOUSA. *ALMANAQUE HISTORINHAS SEM PALAVRAS*, BARUERI: PANINI, N. 6, P. 30-31, NOV. 2013.

ORDENAÇÃO DE QUADRINHOS

VOCÊ JÁ CONHECE O CONTO "O PRÍNCIPE SAPO", NÃO É MESMO?

O ILUSTRADOR JEAN GALVÃO INSPIROU-SE NELE PARA CRIAR UMA TIRINHA.

PARA DESCOBRIR O QUE VAI ACONTECER NESSA HISTÓRIA, SERÁ PRECISO ORDENAR OS QUADRINHOS.

PLANEJAMENTO

NA PÁGINA SEGUINTE, OBSERVE UM QUADRINHO DE CADA VEZ.

- QUAL DELES DEVE SER O PRIMEIRO?
- O QUE VOCÊ OBSERVOU PARA CHEGAR A ESSA CONCLUSÃO?
- OS CONTOS DE FADA COSTUMAM COMEÇAR COM UMA EXPRESSÃO BASTANTE CONHECIDA. VOCÊ SABE QUAL É? ESCREVA-A ABAIXO.

_____

- SERÁ QUE JEAN GALVÃO TAMBÉM USOU ESSA EXPRESSÃO NO INÍCIO DA TIRINHA?
- SERÁ QUE O SAPO DESSA HISTÓRIA TAMBÉM É ENCANTADO?
- SERÁ QUE A PRINCESA VAI DAR UM BEIJO NELE?
- COMO SERÁ QUE ESSA HISTÓRIA TERMINA?

ORDENAÇÃO

NUMERE OS QUADRINHOS DA HISTÓRIA NA SEQUÊNCIA CORRETA.

JEAN GALVÃO. *RECREIO ESPECIAL: TIRINHAS*, SÃO PAULO: ABRIL, N. 389, [S.D.].

AGORA COPIE AS FALAS DOS QUADRINHOS NA ORDEM QUE DEVEM SER LIDAS.

_____

_____

_____

_____

AVALIAÇÃO

TROQUE DE LIVRO COM UM COLEGA.

VEJA COMO FICOU A HISTÓRIA DELE. VOCÊS NUMERARAM OS QUADRINHOS NA MESMA ORDEM? COPIARAM O TEXTO NA ORDEM DE LEITURA?

OUTRA LEITURA

A HISTÓRIA EM QUADRINHOS "SAPOSSAURO" FOI CRIADA COM BASE EM UMA FÁBULA MUITO CONHECIDA.

ACOMPANHE A LEITURA DESSA FÁBULA.

O SAPO E O BOI

O SAPO COAXAVA NO BREJO QUANDO VIU UM BOI SE APROXIMAR DO RIO PARA BEBER ÁGUA.

CHEIO DE INVEJA, ELE DISSE PARA OS AMIGOS:

– QUEREM VER COMO EU FICO DO TAMANHO DESSE ANIMAL?

– IMPOSSÍVEL! – RESPONDEU O PATO.

– ABSURDO! – COMENTOU A CORUJA.

– ESQUEÇA! – DISSE A GARÇA.

ENTÃO, PARA ESPANTO DE TODOS, O SAPO ESTUFOU A BARRIGA E AUMENTOU DE TAMANHO.

– VIRAM SÓ? EU NÃO DISSE QUE CONSEGUIRIA? – GABOU-SE O SAPO.

– POIS FIQUE SABENDO QUE VOCÊ NÃO CONSEGUIU ALCANÇAR NEM AS PATAS DELE! – COMENTOU A GARÇA.

INCONFORMADO, O SAPO CONTINUOU A ESTUFAR.

BREJO: TERRENO ALAGADO.
GABAR-SE: ELOGIAR A SI MESMO.

SANDRA LAVANDEIRA

168

— E AGORA, JÁ ESTOU DO TAMANHO DELE? – PERGUNTOU NOVAMENTE.

— SÓ SE FOR DO TAMANHO DE UM BEZERRO – RESPONDEU O PATO. – E É BOM VOCÊ PARAR COM ISSO ANTES QUE SE MACHUQUE.

— SÓ VOU PARAR QUANDO FICAR MAIOR DO QUE O BOI!

SEM DAR OUVIDOS AOS AMIGOS, O SAPO ESTUFOU TANTO QUE EXPLODIU COMO UM BALÃO DE GÁS.

— É NISSO QUE DÁ NÃO SE CONFORMAR COM O QUE SE É... – DISSE A CORUJA, QUE NÃO PENSAVA EM OUTRA COISA A NÃO SER CONTINUAR SENDO ELA MESMA.

NÃO TENTE IMITAR OS OUTROS; SEJA SEMPRE VOCÊ MESMO.

JEAN DE LA FONTAINE. *FÁBULAS DE ESOPO.* ADAPTAÇÃO DE LÚCIA TULCHINSKI. SÃO PAULO: SCIPIONE, 2010. P. 14.

- QUEM SÃO OS PERSONAGENS PRINCIPAIS DA FÁBULA?
- ONDE A HISTÓRIA SE PASSA?
- EM SUA OPINIÃO, O QUE ESSA FÁBULA PRETENDE ENSINAR?

RETOMADA

1. LEIA UMA HISTÓRIA EM QUADRINHOS COM A PERSONAGEM LOLA, UMA ANDORINHA.

LAERTE. *LOLA*. DISPONÍVEL EM: <www1.folha.uol.com.br/folhinha/2016/01/1729987-e-se-o-cebolinha-entrasse-em-crise-veja-tirinhas-da-folhinha.shtml>. ACESSO EM: MAR. 2017.

- EM QUE ORDEM OS QUADRINHOS DEVEM SER LIDOS?

_____

_____

- PINTE OS BALÕES COM ESTAS CORES:

   FALAS DA LOLA

   FALAS DA OUTRA PERSONAGEM

- POR QUE NÃO HÁ MOLDURA NO INÍCIO E NO FINAL DA HISTÓRIA?

- VOCÊ GOSTOU DESSA HISTÓRIA? POR QUÊ?

- NO QUE VOCÊ PENSOU AO OUVI-LA?

2. ESCREVA O NOME DA PERSONAGEM.

_____

AGORA TROQUE AS LETRAS DO NOME DELA PARA FORMAR OUTRAS PALAVRAS.

• MUDE A PRIMEIRA LETRA.

_____

• MUDE A SEGUNDA LETRA.

_____

• MUDE A TERCEIRA LETRA.

_____

• LEIA SUAS PALAVRAS PARA UM COLEGA.

3. ENCONTRE O NOME DAS AVES NO DIAGRAMA.

SARACURA

SERIEMA

SABIÁ

R	S	E	R	I	E	M	A
I	A	S	S	R	Á	R	M
A	U	S	A	B	I	Á	C
S	A	R	A	C	U	R	A

171

CONSTRUIR UM MUNDO MELHOR

A RECICLAGEM FAZ BEM AO MEIO AMBIENTE

JÁ IMAGINOU QUANTOS OBJETOS INTERESSANTES PODERIAM SER FEITOS COM O QUE JOGAMOS NO LIXO?

VOCÊ ACHA QUE UMA GARRAFA PLÁSTICA PODE SER REUTILIZADA? ACOMPANHE A LEITURA DO PROFESSOR.

SAMUEL RAMOS LAGO. *LIXO E RECICLAGEM*. CURITIBA: NOSSA CULTURA, 2009. P. 23.

NA HISTÓRIA EM QUADRINHOS, VOCÊ APRENDEU QUE A GARRAFA PLÁSTICA PODE SER TRANSFORMADA EM ROUPAS.

VEJA MAIS ALGUNS OBJETOS FEITOS COM ESSAS GARRAFAS.

CORUJA DE BRINQUEDO.

VASOS PARA PLANTAS.

COFRINHOS DE PORQUINHO.

CASINHA.

E VOCÊ, O QUE PODE FAZER?

PEÇA A AJUDA DE PESSOAS DE SUA FAMÍLIA E FAÇA UM OBJETO COM UMA GARRAFA PLÁSTICA.

TRAGA O OBJETO QUE VOCÊ FEZ E JUNTE-O AOS OBJETOS DOS COLEGAS. O PROFESSOR VAI ORGANIZAR UMA EXPOSIÇÃO DELES.

PARTICIPE COM UMA IDEIA BEM CRIATIVA!

PERISCÓPIO

📖 PARA LER

...E O LOBO MAU SE DEU BEM, DE SUPPA. SÃO PAULO: FOLIA DE LETRAS, 2012.
E SE O LOBO MAU NÃO FOSSE TÃO MAU ASSIM? VOCÊ VAI SE SURPREENDER COM ESSE LOBO, QUE QUER MUITO TER AMIGOS.

MEU PRIMEIRO MALUQUINHO EM QUADRINHOS, DE ZIRALDO. SÃO PAULO: GLOBO, 2011.
NESSA HQ, HÁ POUCAS PALAVRAS, MAS MUITA ALEGRIA. O LIVRO CONTA AVENTURAS SUPERENGRAÇADAS DA TURMA DO MALUQUINHO: JULIETA, BOCÃO, JUNIM, CAROLINA E OUTROS MAIS.

MONTEIRO LOBATO EM QUADRINHOS: FÁBULAS, DE MIGUEL MENDES. SÃO PAULO: GLOBO, 2011.
COM A TURMA DO SÍTIO DO PICAPAU AMARELO, CRIADA POR MONTEIRO LOBATO, NO FORMATO DE QUADRINHOS, O LIVRO TRAZ MUITAS FÁBULAS E ALGUNS CONTOS QUE VÃO PRENDER SUA ATENÇÃO.

174

UNIDADE 7
PEQUENAS MENSAGENS

1. LEIA A CARTA E DECIFRE A MENSAGEM.

ANTES DE LER

OBSERVE OS TEXTOS DESTA PÁGINA E OS DA PÁGINA SEGUINTE.

CENOURA
BATATA
MANDIOQUINHA
CHUCHU
BETERRABA

NÚMERO	ALUNO	DIAS
1	ALANA MORAES DA SILVA	•
2	BERNARDO SANCHES	•
3	CÉSAR AUGUSTO K. LOURO	•
4	DAVID COSTA JR.	F
5	ELENA IARA PINHO	•
6	FERNANDO MAURO PIRES	•
7	GISELE ALMADA GOMES	•
8	HUDSON SILVA RAMOS	•

FUI MORAR NUMA CASINHA-NHA
ENFEITADA-DA
DE FLORZINHA-NHA
SAIU DE LÁ-LÁ-LÁ
UMA PRINCESINHA-NHA
OLHOU PRA MIM
OLHOU PRA MIM
E FEZ ASSIM
SMACK, SMACK.

CANTIGA.

176

HIGIENE

NÃO DEIXE A TORNEIRA ABERTA

VOCÊ ESQUECEU SEU CARRO DESTRANCADO E COM OS VIDROS DA FRENTE ABERTOS.
TOMEI A LIBERDADE E FECHEI TUDO.

LUCAS

DISPONÍVEL EM: <http://noticias.r7.com/distrito-federal/moradora-do-df-esquece-carro-aberto-e-e-surpreendida-com-bilhete-de-homem-que-fechou-o-veiculo-27092013>. ACESSO EM: 9 AGO. 2017.

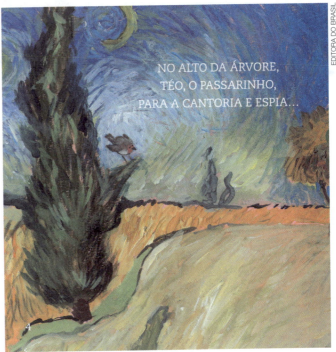

NO ALTO DA ÁRVORE, TÉO, O PASSARINHO, PARA A CANTORIA E ESPIA...

MÉRCIA MARIA LEITÃO. *VAN GOGH E O PASSARINHO TÉO*. SÃO PAULO: EDITORA DO BRASIL, 2010. P. 4.

1. CONVERSE COM OS COLEGAS.
   - QUE TEXTOS SÃO ESSES?
   - O QUE VOCÊ OBSERVOU PARA RESPONDER?

LEITURA 1

ACOMPANHE A LEITURA DO PROFESSOR.

QUANDO O DIA COMEÇOU, VEJA O QUE NUNO ENCONTROU NA MOCHILA.

NA HORA DO ALMOÇO, VEJA O QUE A MÃE DELE ENCONTROU.

ESTUDO DO TEXTO

1. RELEIA OS BILHETES DA PÁGINA ANTERIOR E RESPONDA:

- PARA QUEM FOI ESCRITO O PRIMEIRO BILHETE?

_____

- E O SEGUNDO BILHETE?

_____

- QUEM ESCREVEU CADA BILHETE?

_____

_____

2. PINTE AS FRASES COM AS CORES DA LEGENDA.

🟩 PRIMEIRO BILHETE   🟥 SEGUNDO BILHETE

FAZ UM PEDIDO.

LEMBRA O QUE PRECISA SER COMPRADO.

INFORMA O QUE JÁ FOI FEITO.

COMUNICA O QUE ESTÁ FAZENDO.

INFORMA O QUE VAI FAZER.

3. VEJA COMO UM BILHETE, GERALMENTE, É ESCRITO.

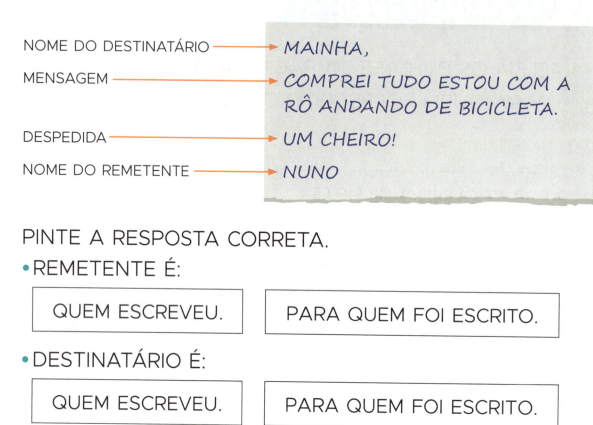

NOME DO DESTINATÁRIO → MAINHA,
MENSAGEM → COMPREI TUDO ESTOU COM A RÔ ANDANDO DE BICICLETA.
DESPEDIDA → UM CHEIRO!
NOME DO REMETENTE → NUNO

PINTE A RESPOSTA CORRETA.
- REMETENTE É:

| QUEM ESCREVEU. | PARA QUEM FOI ESCRITO. |

- DESTINATÁRIO É:

| QUEM ESCREVEU. | PARA QUEM FOI ESCRITO. |

- O BILHETE É UM TEXTO:

| CURTO. | LONGO. |

4. RELEIA O ITEM "DESPEDIDA" DO BILHETE DA ATIVIDADE ANTERIOR E RESPONDA:
- O QUE SIGNIFICA A EXPRESSÃO "UM CHEIRO"?

_____

- ESSA EXPRESSÃO É USADA NA REGIÃO EM QUE VOCÊ MORA?

- ESSA FORMA DE DESPEDIDA DEMONSTRA QUE AS PESSOAS QUE SE COMUNICAM:

☐ SÃO PRÓXIMAS.   ☐ NÃO SÃO PRÓXIMAS.

PAUSA PARA BRINCAR

TELEFONE SEM FIO

1. TODOS FORMAM UMA FILA OU FAZEM UM CÍRCULO. O PRIMEIRO COCHICHA UMA MENSAGEM PARA O COLEGA AO LADO.
QUEM OUVIU A MENSAGEM DEVE REPASSÁ-LA PARA O SEGUINTE, DO JEITO COMO A ENTENDEU, E ASSIM POR DIANTE.
O ÚLTIMO DA FILA VAI DIZER EM VOZ ALTA O QUE ESCUTOU.

PARA SABER MAIS

TELEFONE SEM FIO

ESSA BRINCADEIRA É ANTIGA. DIZEM QUE SURGIU QUANDO O APARELHO TELEFÔNICO FOI INVENTADO, EM 1876. NAQUELA ÉPOCA, AS LIGAÇÕES MUITAS VEZES ERAM RUINS, E FICAVA DIFÍCIL ENTENDER AS PALAVRAS.

APARELHO TELEFÔNICO DE 1876.

GIRAMUNDO

PRODUÇÃO DE BRINQUEDO

1. VAMOS CONSTRUIR UM TELEFONE DE BRINQUEDO.

MATERIAL:

- 2 COPOS DESCARTÁVEIS;
- BARBANTE (NO COMPRIMENTO QUE VOCÊ QUISER);
- UMA TACHINHA (PARA FURAR O FUNDO DOS COPOS).

MODO DE FAZER

1. COM A AJUDA DE UM ADULTO, FURE OS COPOS COM A TACHINHA.
2. PASSE A PONTA DO BARBANTE PELO FUNDO DE CADA COPO.
3. DÊ UM NÓ PARA PRENDER O FIO.
4. COM O FIO BEM ESTICADO, FALE COM A BOCA PRÓXIMA A UM DOS COPOS E PEÇA A ALGUÉM QUE ESCUTE DO OUTRO LADO. DEPOIS ESCUTE O QUE O COLEGA VAI DIZER.

ESTUDO DA ESCRITA

A LETRA N

1. ESCREVA O NOME DOS ALIMENTOS QUE NUNO COMPROU.

_____   _____   _____

- QUE LETRA SE REPETE NO NOME DESSES ALIMENTOS?

_____

- ESCREVA OUTRA PALAVRA COM ESSA LETRA.

_____

2. O NOME DE ALGUÉM DA TURMA COMEÇA PELA LETRA **N**?

_____

_____

3. TROQUE A LETRA **N** POR OUTRA E FORME PALAVRAS.

| CA**N**ECA | CA**N**ETA | CA**N**ELA |

_____   _____   _____

183

4. LEIA O TRAVA-LÍNGUA COM A AJUDA DO PROFESSOR.

A MENINA VIU NO NINHO
CANARINHO FAZER NINHADA
O NONÔ NINA A MENINA
MENINA FICA ANINHADA

ROSINHA. *ABC DO TRAVA-LÍNGUA*. SÃO PAULO: EDITORA DO BRASIL, 2012. P. 17.

- PINTE O QUE A MENINA VIU.

- PINTE O QUE NONÔ FEZ.

5. FORME PALAVRAS.
- TIRE UMA SÍLABA DE **CANARINHO**: _____.
- TIRE UMA SÍLABA DE **MENINA**: _____.
- TIRE UMA SÍLABA DE **ANINHADA**: _____.
- TIRE QUATRO LETRAS DE **CANARINHO**: _____.

LEITURA 2

VEJA A SURPRESA QUE OS MELHORES AMIGOS DE RAFAEL FIZERAM NO DIA DO ANIVERSÁRIO DELE.

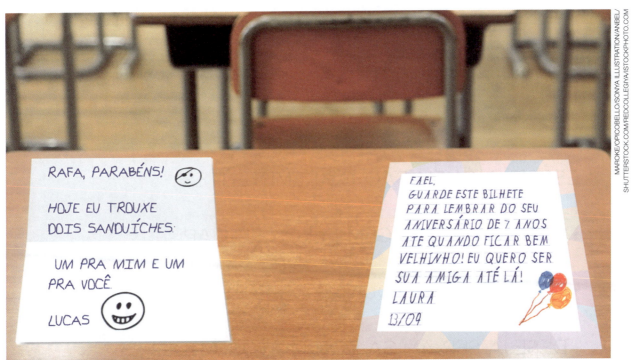

NICOLE FALTOU À AULA NO DIA DA HOMENAGEM QUE OS COLEGAS FIZERAM PARA RAFAEL, MAS ELA MANDOU UMA MENSAGEM PARA O AMIGO PELO CELULAR DA MÃE DELA.

ESTUDO DO TEXTO

1. MARQUE O QUE OS BILHETES TÊM EM COMUM.

☐ O DESTINATÁRIO ☐ O REMETENTE

☐ O TIPO DE LETRA ☐ O ASSUNTO

2. POR QUE OS BILHETES FORAM ESCRITOS?

_____

3. ESCREVA QUEM SÃO OS REMETENTES.

• MANDOU MENSAGEM PELO CELULAR: _____.

• TROUXE UM SANDUÍCHE DE PRESENTE: _____.

• DESEJA SER AMIGA POR MUITOS ANOS: _____.

4. REVEJA O BILHETE QUE LAURA ESCREVEU.
• OS NÚMEROS NO FIM DO BILHETE INDICAM:

☐ A DATA EM QUE O BILHETE FOI ESCRITO.

☐ A IDADE DE RAFAEL.

5. REVEJA A MENSAGEM DE NICOLE.
• A EXPRESSÃO "COMO VAI?":

☐ É UMA DESPEDIDA.

☐ É UMA SAUDAÇÃO.

6. NA MENSAGEM ENVIADA PELO CELULAR, NICOLE USOU PEQUENOS DESENHOS DE EXPRESSÕES FACIAIS. VOCÊ SABE O QUE ELES SIGNIFICAM?

_____   _____

7. VOCÊ CONHECE OUTROS DESENHOS COMO OS DA ATIVIDADE ANTERIOR? USE O ESPAÇO ABAIXO PARA DESENHAR ALGUNS *EMOTICONS* E ESCREVER O SIGNIFICADO DELES.

BILHETE É UMA PEQUENA MENSAGEM FORMADA PELO NOME DO DESTINATÁRIO, O ASSUNTO, A DESPEDIDA E O REMETENTE. EM ALGUNS BILHETES HÁ TAMBÉM A SAUDAÇÃO, A DATA E O HORÁRIO EM QUE FORAM ESCRITOS.

ESTUDO DA ESCRITA

A LETRA X

1. LEIA O BILHETE COM A AJUDA DO PROFESSOR.

- CIRCULE A PALAVRA DO BILHETE QUE COMEÇA COM **X**. ESCREVA ESSA PALAVRA SEPARANDO-A EM SÍLABAS.

- QUE OUTRA PALAVRA DO BILHETE TAMBÉM TEM A LETRA **X**?

_____

2. MARQUE AS IMAGENS QUE TÊM A SÍLABA **XI** NO NOME.

188

A LETRA Z

1. ACOMPANHE A LEITURA DO PROFESSOR.

OBSERVE O TIPO DE LETRA USADO NESSE BILHETE E CONVERSE COM OS COLEGAS.

- VOCÊ SABE O NOME DESSE TIPO DE LETRA?
- VOCÊ JÁ VIU ALGUÉM USAR ESSE TIPO DE LETRA? EM QUE SITUAÇÃO?

VEJA O ALFABETO MAIÚSCULO E MINÚSCULO EM LETRA CURSIVA.

ALFABETO MAIÚSCULO

A B C D E F G H I J K L M N
O P Q R S T U V W X Y Z

alfabeto minúsculo

a b c d e f g h i j k l m n
o p q r s t u v w x y z

2. CIRCULE ONDE ESTÁ ESCRITO O NOME DO ANIMAL REPRESENTADO EM CADA IMAGEM.

ZEBU	*gazela*	COBRA
ZEBRA	GAZELA	*zebra*
zebu	GALINHA	ZEBRA

- QUE SÍLABA SE REPETE EM TODAS AS PALAVRAS QUE VOCÊ CIRCULOU?

---

3. RECITE A QUADRINHA COM O PROFESSOR E OS COLEGAS.

> O ZELADOR DO ZOOLÓGICO
> É CHAMADO ZÉ DA ZEBRA
> NÃO PORQUE TRATA DOS BICHOS E OS AMA,
> MAS POR CAUSA DAS LISTRAS DO PIJAMA.
>
> JOSÉ PAULO PAES. *UMA LETRA PUXA A OUTRA.*
> SÃO PAULO: COMPANHIA DAS LETRINHAS, 2006. P. 47.

- COMO DEVE SER O PIJAMA DO ZÉ DA ZEBRA?
- CIRCULE AS PALAVRAS ESCRITAS COM A LETRA **Z**.
- ESCREVA AS PALAVRAS QUE VOCÊ CIRCULOU NO TEXTO.

JOGO DE PALAVRAS

1. RECORTE AS FICHAS DO **MATERIAL COMPLEMENTAR** DA PÁGINA 253.
ENCONTRE O LUGAR DE CADA PALAVRA E DEIXE A FICHA SOBRE ELE. AGUARDE A CORREÇÃO.
AO SINAL DO PROFESSOR, COLE AS PALAVRAS.
QUEM TERMINAR DIZ "*STOP*".

LETRA	NOME	ANIMAL	OBJETO
T			
P			
F			
J			
S			
N			
Z			
X			

191

ORALIDADE

MENSAGEM DE VOZ

VAMOS HOMENAGEAR OS ANIVERSARIANTES DO MÊS? PENSE EM UMA MENSAGEM CURTA E ALEGRE QUE POSSA SER DEDICADA A TODOS OS ANIVERSARIANTES. QUEM QUISER, PODE CANTAR. O PROFESSOR GRAVARÁ.

DICAS PARA A GRAVAÇÃO

- INICIE COM UMA SAUDAÇÃO (CUMPRIMENTO).
- PENSE EM UMA DESPEDIDA BEM ANIMADA.
- FALE EM TOM DE VOZ QUE POSSA SER OUVIDO. SE FALAR BAIXINHO, OS ANIVERSARIANTES NÃO OUVIRÃO. SE FALAR ALTO DEMAIS, A GRAVAÇÃO FICARÁ RUIM.

AVALIAÇÃO DAS GRAVAÇÕES

- VOCÊ INICIOU A MENSAGEM COM UMA SAUDAÇÃO?
- A MENSAGEM FICOU CURTA E ALEGRE?
- VOCÊ FALOU EM UM TOM DE VOZ ADEQUADO?

PRODUÇÃO DE TEXTO

BILHETE: DIA DO BRINQUEDO

O PROFESSOR VAI COMBINAR UM DIA PARA CADA ALUNO TRAZER UM BRINQUEDO QUE SERÁ CONSTRUÍDO EM CASA, COM A AJUDA DE PESSOAS DA FAMÍLIA.

VAMOS ESCREVER UM BILHETE COLETIVO PEDINDO AJUDA AOS PAIS OU AOS RESPONSÁVEIS PARA ESSA TAREFA?

PLANEJAMENTO

- COMO O BILHETE DEVE COMEÇAR?
- QUAL SERÁ A SAUDAÇÃO?
- COMO VOCÊS ACHAM QUE DEVE SER A MENSAGEM?
- E PARA SE DESPEDIR, O QUE PODEM ESCREVER?
- É IMPORTANTE COLOCAR DATA NESSE BILHETE? POR QUÊ?
- COMO A TURMA VAI ASSINAR O BILHETE?

ESCRITA

ANTES DE PASSAR O BILHETE A LIMPO, VERIFIQUE SE ELE TEM DESTINATÁRIO, SAUDAÇÃO, MENSAGEM, DESPEDIDA, REMETENTE E DATA.

EM UMA FOLHA DE PAPEL, COPIE O BILHETE QUE O PROFESSOR ESCREVEU NA LOUSA.

ENTREGUE O BILHETE AO DESTINATÁRIO.

AVALIAÇÃO

O BILHETE FOI ENTENDIDO PELO DESTINATÁRIO? CONTE SE HOUVE ALGUM PROBLEMA DE ENTENDIMENTO.

OUTRA LEITURA

VEJA A CAPA DO LIVRO E LEIA O TÍTULO.

CONVERSE COM OS COLEGAS.

- O QUE SERÁ QUE VAI ACONTECER EM UMA HISTÓRIA COM ESSE TÍTULO?
- QUEM É A AUTORA? E O ILUSTRADOR?
- ONDE ESTÁ ESCRITO O NOME DA EDITORA?
- O QUE A ILUSTRAÇÃO MOSTRA AO LEITOR?

A HISTÓRIA COMEÇA ASSIM:

– LEVA O BILHETE PRO SEU OLAVO – A AVÓ PEDIU PARA O MENINO.

O MENINO LARGOU SEU LUGAR PREFERIDO NA JANELA PARA PRESTAR ATENÇÃO NA AVÓ.

LOGO FEZ UMA CARA DE QUEM NÃO TINHA IDEIA DE ONDE MORAVA ESSE OLAVO.

– É LÁ NA CIDADE. É SÓ PERGUNTAR.

AH, DISSO ELE ENTENDIA. COMO GOSTAVA DE FAZER PERGUNTA!

ENTÃO, PROBLEMA RESOLVIDO. ASSIM ELE ACHAVA.

[...]

- QUE PEDIDO A AVÓ FEZ AO MENINO?
- VOCÊ ACHA QUE O MENINO VAI ENCONTRAR SEU OLAVO? POR QUÊ?
- VOCÊ TAMBÉM GOSTA DE FAZER PERGUNTAS?

195

O MENINO GUARDOU O BILHETE NO BOLSO DA CAMISA E SEGUIU PELA ESTRADA A CAMINHO DA CIDADE.

NO CAMINHO, ELE FICOU COM UMA VONTADE DANADA DE LER O BILHETE.

SÓ QUE, QUANDO ELE TIROU O BILHETE DO BOLSO, VEIO O VENTO E LEVOU O BILHETE EMBORA.

- E AGORA? O QUE VAI ACONTECER?
- SE VOCÊ ESTIVESSE NO LUGAR DO MENINO, TAMBÉM FICARIA CURIOSO PARA SABER O QUE ESTÁ ESCRITO NO BILHETE?

O MENINO CORREU BASTANTE PARA ALCANÇAR O BILHETE, MAS, CADA VEZ QUE ELE ESTAVA PERTO DE ALCANÇAR, O VENTO LEVAVA O BILHETE PARA MAIS LONGE.

OUÇA O FINAL DA HISTÓRIA.

[...]

ENTÃO O VENTO DEIXOU O PAPEL NOS PÉS DE UM HOMEM MUITO ALTO.

O MENINO SE LEMBROU DELE.

ERA O MOÇO SIMPÁTICO QUE SEMPRE VISITAVA A AVÓ, TRAZIA FLOR E DOCE, TRAZIA SORRISO E MÚSICA. ERA PORQUE A AVÓ VIVIA CANTANDO DEPOIS QUE ELE IA EMBORA.

O HOMEM, DE CABELO PINTADO DE NUVEM, SEGUROU O BILHETE COM O PÉ.

PEGOU, ABRIU E LEU.

VAI VER O HOMEM ERA CURIOSO TAMBÉM.

O MOÇO SIMPÁTICO DEU UM SORRISO LARGO, DE CANTO A CANTO DE ORELHA.

O MENINO FICOU MAIS CURIOSO AINDA.

— MENINO, DIZ PRA SUA AVÓ... — O HOMEM NÃO COMPLETOU A FRASE.

— O QUE EU TENHO QUE DIZER?

— PODE DEIXAR. EU MESMO DIGO AMANHÃ. QUE TAL UM SORVETE?

O MENINO ADOROU A IDEIA, MAS FICOU EM DÚVIDA.

— É QUE EU NEM SEI O SEU NOME.

— SOU O OLAVO.

"UFA!", O MENINO PENSOU E SORRIU, ENQUANTO OS DOIS ANDAVAM DE MÃOS DADAS.

E O VENTO, ONDE FICOU?

FOI BRINCANDO AO LADO DELES.

[...]

ANA CRISTINA MELO. *O MENINO, O BILHETE E O VENTO*. RIO DE JANEIRO: BAMBOLÊ, 2015. P. 5, 29, 31 E 33.

- VOCÊ DESCOBRIU QUEM É SEU OLAVO?
- COMO SEU OLAVO REAGIU AO LER O BILHETE?
- O QUE VOCÊ ACHA QUE ESTAVA ESCRITO NESSE BILHETE?

RETOMADA

1. LEIA O BILHETE E DESCUBRA O QUE ESTÁ FALTANDO.

- REMETENTE
- SAUDAÇÃO
- DESTINATÁRIO
- DESPEDIDA
- MENSAGEM
- DATA

2. ESCREVA UM BILHETE DE ACORDO COM AS INDICAÇÕES.
- REMETENTE: **ALUNOS DO 1º ANO**.
- DESTINATÁRIO: **DIRETORA DA ESCOLA**.
- ASSUNTO: **PEDIR UM HORÁRIO PARA CONVERSAR SOBRE ESPAÇO PARA UMA EXPOSIÇÃO**.

3. REESCREVA O BILHETE COLOCANDO AS PARTES EM ORDEM.

UM BEIJO!

LIGARAM DA ÓTICA. PODE RETIRAR OS ÓCULOS.

MARIANA.

20/10

OI, LU!

4. PINTE DA MESMA COR AS PALAVRAS QUE TÊM O MESMO SIGNIFICADO.

MÃE	GENITORA	GURI	MAMÃE
MENINO	GAROTO	MAINHA	PIÁ

CONSTRUIR UM MUNDO MELHOR

HISTÓRIAS DE MUITOS ANOS

NA HISTÓRIA "O MENINO, O BILHETE E O VENTO", O NETO PAROU O QUE ESTAVA FAZENDO PARA PRESTAR ATENÇÃO NA AVÓ.

TODO IDOSO MERECE NOSSA ATENÇÃO E RESPEITO.

MENINO CEDE LUGAR A UM IDOSO NO TRANSPORTE PÚBLICO.

MENINA CONTA HISTÓRIA PARA O AVÔ.

VAMOS CONVERSAR

- VOCÊ CONVIVE COM ALGUÉM QUE É IDOSO?
- POR QUE AS PESSOAS IDOSAS SÃO IMPORTANTES EM NOSSA VIDA?
- O QUE VOCÊ FARIA SE PRESENCIASSE UMA SITUAÇÃO DE DESRESPEITO A UM IDOSO?
- O QUE VOCÊ FAZ PARA DEMONSTRAR RESPEITO AOS IDOSOS?

O QUE VOCÊ PODE FAZER?

PAINEL

VOCÊ E OS COLEGAS PODEM MONTAR UM GRANDE PAINEL COM IMAGENS SOBRE O TEMA **RESPEITO AO IDOSO** PARA QUE OUTRAS PESSOAS DA ESCOLA TAMBÉM REFLITAM SOBRE ESSE ASSUNTO.

CONTAÇÃO DE HISTÓRIAS

OS IDOSOS JÁ PASSARAM POR EXPERIÊNCIAS MUITO RICAS AO LONGO DA VIDA E COSTUMAM TER MUITAS HISTÓRIAS PARA CONTAR.

VOCÊ E OS COLEGAS PODEM CONVIDAR O VOVÔ, A VOVÓ, OU OUTRAS PESSOAS IDOSAS DE SUA CONVIVÊNCIA PARA UMA CONTAÇÃO DE HISTÓRIAS NA ESCOLA.

MULHERES INDÍGENAS DA ETNIA GUARANI MBYÁ CONTAM HISTÓRIAS PARA CRIANÇAS NA ALDEIA KALIPETY. SÃO PAULO, SÃO PAULO, 2017.

PERISCÓPIO

PARA LER

A CARTA, DE CAROLINA MICHELINI. SÃO PAULO: FORMATO, 2013.
UMA CARTA EM FORMA DE AVIÃOZINHO DE PAPEL É A PERSONAGEM PRINCIPAL DESSA HISTÓRIA QUE COMEÇA QUANDO UM GAROTO VÊ UMA GAROTA SENTADA NA PRAÇA LENDO UM LIVRO.

FAZENDA PONTO COM, DE JÓTAH. SÃO PAULO: EDITORA DO BRASIL, 2011.
ESTRUTURADO NA FORMA DE UMA CARTA ENIGMÁTICA, O LIVRO É UM CONVITE PARA UMA GRANDE FESTA ORGANIZADA EM UMA FAZENDA, CONECTADA PELA INTERNET COM PERSONAGENS DE VÁRIAS PARTES DO MUNDO. OS ANIMAIS SE ORGANIZAM ENVIANDO OS CONVITES POR *E-MAIL* E MSN. O ANIVERSARIANTE É O FAZENDEIRO, QUE NEM IMAGINA A SURPRESA QUE ESTÁ SENDO PREPARADA. DA VACA SUÍÇA AO CANGURU AUSTRALIANO, MUITOS ANIMAIS VIRÃO PARA CELEBRAR A TÃO AGUARDADA FESTA.

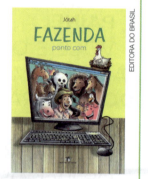

FELPO FILVA, DE EVA FURNARI. SÃO PAULO: MODERNA, 2006.
FELPO É UM COELHO POETA MUITO SOLITÁRIO. UM DIA, RECEBEU A CARTA DE UMA FÃ QUE DISCORDAVA DE SEUS POEMAS. ELE FICOU MUITO INDIGNADO E ISSO DEU INÍCIO A UMA TROCA DE CORRESPONDÊNCIAS ENTRE ELES.

UNIDADE 8
ERA UMA VEZ...

1. COMPLETE O *SUDOKU* DESENHANDO OS ELEMENTOS QUE FALTAM. TODAS AS LINHAS E COLUNAS DEVEM TER UM DOS ELEMENTOS ABAIXO.

SUDOKU DOS CONTOS

ANTES DE LER

1. MARQUE UM **X** NA CAPA DOS LIVROS DE CONTOS TRADICIONAIS.

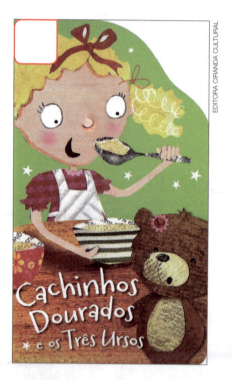
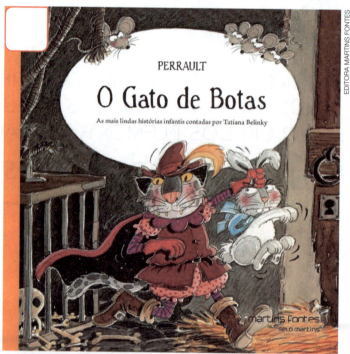

LEITURA 1

O PROFESSOR VAI LER UMA HISTÓRIA QUE COMEÇA COM "ERA UMA VEZ".
EM QUE VOCÊ PENSA QUANDO OUVE ESSA EXPRESSÃO?
LEIA O TÍTULO DO CONTO.
VOCÊ LEMBRA POR QUE ELE TEM ESSE TÍTULO?

CHAPEUZINHO VERMELHO – PARTE 1

ERA UMA VEZ UMA MENININHA ENCANTADORA. TODOS QUE BATIAM OS OLHOS NELA A ADORAVAM. [...] QUEM MAIS A AMAVA ERA SUA AVÓ [...]. CERTA OCASIÃO GANHOU DELA UM PEQUENO CAPUZ DE VELUDO VERMELHO. [...] POR ISSO PASSOU A SER CHAMADA CHAPEUZINHO VERMELHO.

UM DIA, A MÃE DA MENINA LHE DISSE: "CHAPEUZINHO VERMELHO, AQUI ESTÃO ALGUNS BOLINHOS [...]. LEVE-OS PARA SUA AVÓ. [...] TRATE DE SAIR AGORA MESMO, [...] E QUANDO ESTIVER NA FLORESTA OLHE PARA A FRENTE COMO UMA BOA MENINA E NÃO SE DESVIE DO CAMINHO. [...]."

"FAREI TUDO QUE ESTÁ DIZENDO", CHAPEUZINHO VERMELHO PROMETEU À MÃE. [...]

MAL PISARA NA FLORESTA, CHAPEUZINHO VERMELHO TOPOU COM O LOBO. COMO NÃO TINHA A MENOR IDEIA DO ANIMAL MALVADO QUE ELE ERA, NÃO TEVE UM PINGO DE MEDO.

"BOM DIA, CHAPEUZINHO VERMELHO", DISSE O LOBO.

"BOM DIA, SENHOR LOBO", ELA RESPONDEU.

"AONDE ESTÁ INDO TÃO CEDO DE MANHÃ, CHAPEUZINHO VERMELHO?"

"À CASA DA VOVÓ."

"O QUE É ISSO DEBAIXO DO SEU AVENTAL?"

"UNS BOLINHOS [...]. ASSAMOS ONTEM E A VOVÓ, QUE ESTÁ DOENTE E FRAQUINHA, PRECISA DE ALGUMA COISA PARA ANIMÁ-LA", ELA RESPONDEU.

"ONDE FICA A CASA DA SUA VOVÓ, CHAPEUZINHO?"

"FICA A UM BOM QUARTO DE HORA DE CAMINHADA MATA ADENTRO, BEM DEBAIXO DOS TRÊS CARVALHOS GRANDES. [...]", DISSE CHAPEUZINHO VERMELHO.

O LOBO PENSOU COM SEUS BOTÕES: "ESTA COISINHA NOVA E TENRA VAI DAR UM PETISCO E TANTO! [...]."

O LOBO CAMINHOU AO LADO DE CHAPEUZINHO VERMELHO POR ALGUM TEMPO. DEPOIS DISSE: "CHAPEUZINHO, NOTOU QUE HÁ LINDAS FLORES POR TODA PARTE? [...]."

CHAPEUZINHO VERMELHO ABRIU BEM OS OLHOS [...]. VIU FLORES BONITAS POR TODOS OS CANTOS E PENSOU: "SE EU LEVAR UM BUQUÊ FRESQUINHO, A VOVÓ FICARÁ RADIANTE [...]."

CHAPEUZINHO VERMELHO DEIXOU A TRILHA E [...] FOI SE EMBRENHANDO CADA VEZ MAIS NA MATA. [...]

- O QUE VAI ACONTECER AGORA?

MARIA TATAR (ORG.). *CONTOS DE FADAS*. TRADUÇÃO MARIA LUIZA BORGES. RIO DE JANEIRO: ZAHAR, 2013. P. 36-37, 39. (CLÁSSICOS ZAHAR).

⭐ SOBRE OS AUTORES

ESTA HISTÓRIA FOI ESCRITA PELOS IRMÃOS GRIMM. JACOB GRIMM (1785-1863) E WILHELM GRIMM (1786-1859) NASCERAM NA ALEMANHA. FORAM GRANDES ESTUDIOSOS DA LÍNGUA ALEMÃ E DOS COSTUMES DE SUA TERRA. ELES RECOLHERAM DIVERSOS CONTOS NARRADOS PELO POVO COM A IDEIA DE PRESERVAR A CULTURA ALEMÃ.

ESTUDO DO TEXTO

1. MARQUE **X** NA FRASE QUE COMPLETA A AFIRMAÇÃO. O CONTO "CHAPEUZINHO VERMELHO" FOI:

☐ INVENTADO PELOS IRMÃOS GRIMM.

☐ CONTADO PELO POVO E ESCRITO PELOS IRMÃOS GRIMM.

2. ESCREVA O NOME DOS PERSONAGENS QUE PARTICIPAM DESSA PARTE DA HISTÓRIA.

_____   _____   _____

3. MARQUE O QUADRINHO QUE INDICA ONDE A PRIMEIRA PARTE DA HISTÓRIA SE PASSA.

209

4. MARQUE COM UM **X** A MELHOR RESPOSTA.

- A EXPRESSÃO "ERA UMA VEZ" SIGNIFICA QUE:

☐ A HISTÓRIA NÃO TEM FIM.

☐ NÃO SE SABE EXATAMENTE QUANDO A HISTÓRIA ACONTECEU.

☐ A HISTÓRIA ACONTECEU HÁ POUCO TEMPO.

- QUEM CONTA A HISTÓRIA?

☐ A MÃE DE CHAPEUZINHO.

☐ O LOBO.

☐ ALGUÉM QUE NÃO FAZ PARTE DA HISTÓRIA, O NARRADOR.

5. NUMERE OS FATOS NA ORDEM EM QUE ACONTECERAM.

☐ ENCONTRO DE CHAPEUZINHO COM O LOBO.

☐ PEDIDO E RECOMENDAÇÕES DA MÃE DELA.

☐ APRESENTAÇÃO DA CHAPEUZINHO.

☐ CHAPEUZINHO PENSA EM LEVAR FLORES PARA SUA AVÓ.

> NOS CONTOS, ALÉM DOS PERSONAGENS, APARECE O **NARRADOR**, QUE É QUEM CONTA A HISTÓRIA.

6. EM CADA TRECHO, CIRCULE A PALAVRA QUE APRESENTA UMA CARACTERÍSTICA DA MENINA OU DO LOBO.

> ERA UMA VEZ UMA MENININHA ENCANTADORA.

> MAL PISARA NA FLORESTA, CHAPEUZINHO VERMELHO TOPOU COM O LOBO. COMO NÃO TINHA A MENOR IDEIA DO ANIMAL MALVADO QUE ELE ERA, NÃO TEVE UM PINGO DE MEDO.

7. RELEIA ESTA PARTE DO CONTO.

> "AONDE ESTÁ INDO TÃO CEDO DE MANHÃ, CHAPEUZINHO VERMELHO?"
> "À CASA DA VOVÓ."

- SE ESTIVÉSSEMOS OUVINDO ESSE DIÁLOGO, COMO SABERÍAMOS QUE O LOBO FAZ UMA PERGUNTA A CHAPEUZINHO?

_____

- E NA ESCRITA, COMO PERCEBEMOS QUE É UMA PERGUNTA?

_____

_____

- CIRCULE O SINAL USADO PARA MARCAR O INÍCIO E O FIM DAS FALAS DOS PERSONAGENS.
- VOCÊ SABE O NOME DESSE SINAL?

_____

8. RELEIA ESTA PARTE DO CONTO COM A AJUDA DO PROFESSOR.

> UM DIA, A MÃE DA MENINA LHE DISSE: "CHAPEUZINHO VERMELHO, AQUI ESTÃO ALGUNS BOLINHOS [...]. LEVE-OS PARA SUA AVÓ. [...] TRATE DE SAIR AGORA MESMO, [...] E QUANDO ESTIVER NA FLORESTA OLHE PARA A FRENTE COMO UMA BOA MENINA E NÃO SE DESVIE DO CAMINHO. [...]."
> "FAREI TUDO QUE ESTÁ DIZENDO", CHAPEUZINHO VERMELHO PROMETEU À MÃE. [...]
> "BOM DIA, CHAPEUZINHO VERMELHO", DISSE O LOBO.

- SUBLINHE DE ACORDO COM A INDICAÇÃO:

  🟦 A FALA DA MÃE.

  🟥 A FALA DE CHAPEUZINHO.

  🟫 A FALA DO LOBO.

- O QUE A FALA DA MÃE NOS ENSINA? EXPLIQUE SUA RESPOSTA.

_____

_____

_____

9. CONVERSE COM OS COLEGAS.

- NO QUE O LOBO ESTAVA PENSANDO QUANDO DISSE PARA CHAPEUZINHO OLHAR AS FLORES?
- O QUE ACONTECE DEPOIS QUE CHAPEUZINHO ENTRA NA MATA? COMO A HISTÓRIA CONTINUA?

ESTUDO DA ESCRITA

A LETRA G

1. ACOMPANHE A LEITURA DO PROFESSOR.

[...] O FILHO MAIS VELHO FICOU COM O MOINHO, O SEGUNDO COM O ASNO, E PARA O CAÇULA SOBROU O GATO.

ESTE ÚLTIMO NÃO SE CONFORMAVA DE TER UM QUINHÃO TÃO MESQUINHO. "MEUS IRMÃOS", DIZIA, "PODERÃO GANHAR A VIDA HONESTAMENTE TRABALHANDO JUNTOS. QUANTO A MIM, QUANDO TIVER COMIDO O MEU GATO E FEITO LUVAS COM A SUA PELE, SÓ ME RESTARÁ MORRER DE FOME."

[...]

> **QUINHÃO:** PARTE QUE CABE A CADA PESSOA.

MARIA TATAR (ORG.). *CONTOS DE FADAS*. TRADUÇÃO MARIA LUIZA BORGES. RIO DE JANEIRO: ZAHAR, 2013. P. 248. (CLÁSSICOS ZAHAR).

- VOCÊ SABE A QUE CONTO O TEXTO SE REFERE?

- O QUE VOCÊ SABE DESSA HISTÓRIA?
- CIRCULE A PALAVRA "GATO" NO TEXTO TODAS AS VEZES QUE ELA APARECE.

2. O NOME DE ALGUM ALUNO DA TURMA COMEÇA PELA LETRA **G**?

3. VEJA COMO FORAM ESCRITOS OS TÍTULOS DE ALGUNS CONTOS.

OGATODEBOTAS

_____

AGATABORRALHEIRA

_____

OGIGANTEEGOÍSTA

OPEQUENOPOLEGAR

_____

- O QUE ACONTECEU COM OS TÍTULOS? ESCREVA-OS CORRETAMENTE NAS LINHAS.
- NOS TÍTULOS QUE VOCÊ ESCREVEU, CIRCULE AS PALAVRAS EM QUE A LETRA **G** APARECE.
- LEIA AS PALAVRAS QUE VOCÊ CIRCULOU. TODAS TÊM O MESMO SOM NA LETRA **G**?

214

USO DE LETRA MAIÚSCULA

1. LEIA ESTE SUMÁRIO COM A AJUDA DO PROFESSOR.

Sumário

APRESENTAÇÃO	
Um eterno encantamento, *por Ana Maria Machado*	7
CHARLES PERRAULT	17
Cinderela ou O sapatinho de vidro	19
Pele de Asno	32
O Gato de Botas ou O Mestre Gato	50
O Pequeno Polegar	60
Chapeuzinho Vermelho	77
Barba Azul	83
JEANNE-MARIE LEPRINCE DE BEAUMONT	95
A Bela e a Fera	97
JACOB E WILHELM GRIMM	119
A Bela Adormecida	121
Branca de Neve	129
Chapeuzinho Vermelho	145
Rapunzel	153
João e Maria	161

SUMÁRIO DO LIVRO *CONTOS DE FADAS*: EDIÇÃO BOLSO DE LUXO. MARIA TATAR (ORG.). TRAD. MARIA LUIZA BORGES. RIO DE JANEIRO: ZAHAR, 2010. (CLÁSSICOS ZAHAR).

- PINTE NO SUMÁRIO AS LETRAS MAIÚSCULAS.
- QUAIS PALAVRAS SÃO ESCRITAS COM LETRA INICIAL MAIÚSCULA? MARQUE **X** NELAS.

☐ TODAS AS PALAVRAS.

☐ O NOME DOS PERSONAGENS.

☐ A PRIMEIRA LETRA DE CADA TÍTULO.

215

O PROFESSOR VAI LER A CONTINUAÇÃO DO CONTO "CHAPEUZINHO VERMELHO".

CHAPEUZINHO VERMELHO – PARTE 2

[...]

O LOBO CORREU DIRETO PARA A CASA DA AVÓ DE CHAPEUZINHO E BATEU À PORTA.

"QUEM É?"

"CHAPEUZINHO VERMELHO. TROUXE UNS BOLINHOS [...]. ABRA A PORTA."

"É SÓ LEVANTAR O FERROLHO", GRITOU A AVÓ. "ESTOU FRACA DEMAIS PARA SAIR DA CAMA."

O LOBO LEVANTOU O FERROLHO E A PORTA SE ESCANCAROU. SEM DIZER UMA PALAVRA, FOI DIRETO ATÉ A CAMA DA AVÓ E A DEVOROU INTEIRINHA. DEPOIS, VESTIU AS ROUPAS DELA, ENFIOU SUA TOUCA NA CABEÇA, DEITOU-SE NA CAMA E PUXOU AS CORTINAS.

ENQUANTO ISSO CHAPEUZINHO VERMELHO CORRIA DE UM LADO PARA OUTRO À CATA DE FLORES. QUANDO TINHA TANTAS NOS BRAÇOS QUE NÃO PODIA CARREGAR MAIS, LEMBROU-SE DE REPENTE DE SUA AVÓ E VOLTOU PARA A TRILHA QUE LEVAVA À CASA DELA [...] E, AO ENTRAR NA CASA, TEVE UMA SENSAÇÃO TÃO ESTRANHA QUE PENSOU: "PUXA! SEMPRE ME SINTO TÃO ALEGRE QUANDO ESTOU NA CASA DA VOVÓ, MAS HOJE ESTOU ME SENTINDO MUITO AFLITA."

[...]

FOI ENTÃO ATÉ A CAMA E ABRIU AS CORTINAS. LÁ ESTAVA SUA AVÓ, DEITADA, COM A TOUCA PUXADA PARA CIMA DO ROSTO. PARECIA MUITO ESQUISITA.

"Ó AVÓ, QUE ORELHAS GRANDES VOCÊ TEM!"
"É PARA MELHOR TE ESCUTAR!"
"Ó AVÓ, QUE OLHOS GRANDES VOCÊ TEM!"
"É PARA MELHOR TE ENXERGAR!"
"Ó AVÓ, QUE MÃOS GRANDES VOCÊ TEM!"
"É PARA MELHOR TE AGARRAR!"
"Ó AVÓ, QUE BOCA GRANDE, ASSUSTADORA, VOCÊ TEM!"
"É PARA MELHOR TE COMER!"

ASSIM QUE PRONUNCIOU ESTAS ÚLTIMAS PALAVRAS, O LOBO SALTOU FORA DA CAMA E DEVOROU A COITADA DA CHAPEUZINHO VERMELHO.

SACIADO O SEU APETITE, O LOBO DEITOU-SE DE COSTAS NA CAMA, ADORMECEU E COMEÇOU A RONCAR MUITO ALTO. UM CAÇADOR QUE POR ACASO IA PASSANDO JUNTO À CASA PENSOU: "COMO ESSA VELHA ESTÁ RONCANDO ALTO! MELHOR IR VER SE HÁ ALGUM PROBLEMA." ENTROU NA CASA E, AO CHEGAR JUNTO À CAMA, PERCEBEU QUE HAVIA UM LOBO DEITADO NELA.

"FINALMENTE TE ENCONTREI [...]. FAZ MUITO TEMPO QUE ANDO À SUA PROCURA."

[...]

EM VEZ DE ATIRAR, PEGOU UMA TESOURA E COMEÇOU A ABRIR A BARRIGA DO LOBO ADORMECIDO. DEPOIS DE ALGUMAS TESOURADAS, AVISTOU UM GORRO VERMELHO. MAIS ALGUMAS, E A MENINA PULOU FORA, GRITANDO: "AH, EU ESTAVA TÃO APAVORADA! COMO ESTAVA ESCURO NA BARRIGA DO LOBO."

EMBORA MAL PUDESSE RESPIRAR, A IDOSA VOVÓ TAMBÉM CONSEGUIU SAIR DA BARRIGA. MAIS QUE DEPRESSA CHAPEUZINHO VERMELHO CATOU UMAS PEDRAS GRANDES E ENCHEU A BARRIGA DO LOBO COM ELAS. QUANDO ACORDOU, O LOBO TENTOU SAIR CORRENDO, MAS AS PEDRAS ERAM TÃO PESADAS QUE SUAS PERNAS BAMBEARAM E ELE CAIU MORTO.

CHAPEUZINHO VERMELHO, SUA AVÓ E O CAÇADOR FICARAM RADIANTES.[...] CHAPEUZINHO VERMELHO DISSE CONSIGO: "NUNCA SE DESVIE DO CAMINHO E NUNCA ENTRE NA MATA QUANDO SUA MÃE PROIBIR".

MARIA TATAR (ORG.). *CONTOS DE FADAS*. TRADUÇÃO MARIA LUIZA BORGES. RIO DE JANEIRO: ZAHAR, 2013. P. 39-41. (CLÁSSICOS ZAHAR).

ESTUDO DO TEXTO

1. ESCREVA O NOME DOS PERSONAGENS QUE **NÃO** ESTAVAM NA PRIMEIRA PARTE DO CONTO.

ILUSTRAÇÕES: SANDRA LAVANDEIRA

_____ _____ _____

2. ONDE A SEGUNDA PARTE DO CONTO SE PASSA?

_____

3. QUAIS DOS ACONTECIMENTOS ABAIXO **NÃO** FAZEM PARTE DA VIDA REAL? MARQUE **X**.

☐ O LOBO FALAR.

☐ CHAPEUZINHO RECOLHER FLORES.

☐ A AVÓ E A MENINA ESTAREM VIVAS NA BARRIGA DO LOBO.

4. VOLTE AO TEXTO E CIRCULE AS FALAS DA AVÓ. COPIE OS TRECHOS QUE VOCÊ CIRCULOU.

_____

_____

_____

5. ESCREVA AS PALAVRAS ABAIXO DAS IMAGENS.

 HERÓI

VILÃO

_____   _____

6. RELEIA ESTA PARTE DO CONTO.

"Ó AVÓ, QUE ORELHAS GRANDES VOCÊ TEM!"
"É PARA MELHOR TE ESCUTAR!"
"Ó AVÓ, QUE OLHOS GRANDES VOCÊ TEM!"
"É PARA MELHOR TE ENXERGAR!"
"Ó AVÓ, QUE MÃOS GRANDES VOCÊ TEM!"
"É PARA MELHOR TE AGARRAR!"
"Ó AVÓ, QUE BOCA GRANDE, ASSUSTADORA, VOCÊ TEM!"
"É PARA MELHOR TE COMER!"

- SUBLINHE AS PARTES QUE SE REPETEM NAS FALAS. USE UMA COR DIFERENTE PARA AS FALAS DE CADA PERSONAGEM.
- O QUE VOCÊ PERCEBEU QUANTO À ORDEM E À REPETIÇÃO DAS PALAVRAS NESSAS FALAS?
- RELACIONE CADA PARTE DO CORPO COM SUA FUNÇÃO.

1	ORELHAS		COMER
2	OLHOS		AGARRAR
3	MÃOS		ENXERGAR
4	BOCA		ESCUTAR

ESTUDO DA ESCRITA

A LETRA R

1. ACOMPANHE A LEITURA DO PROFESSOR.

ESPORTES

Uma nova modalidade esportiva está deixando os jovens solteiros do reino de cabeça pra baixo.

Usado para escalar torres altíssimas, o RAPELZEL utiliza, no lugar das cordas do rapel, as longas tranças da princesa Rapunzel.

No rapelzel, dois príncipes – um em cada trança – escalam a torre da prisioneira. Vence o competidor que alcançar primeiro a cabeça da princesa.

Porém, desde que a prática desse esporte teve início, um grande número de quedas bem feias foi registrado pelo Hospital Real, localizado no centro do Reino dos Reis do Faz de Conta.

Acredita-se que o número de acidentes esteja ligado às denúncias de cabelos postiços da senhorita Rapunzel. [...]

Enquanto isso, dezenas de jovens arriscam suas vidas em busca de um passatempo mais radical do que enfrentar dragões ou mergulhar com os crocodilos no fosso dos palácios.

Maria Amália Camargo. *Simsalabim*. São Paulo: Caramelo, 2013. p. 19.

- VOCÊ ACHA QUE ESSE TEXTO CONTA FATOS QUE ACONTECERAM DE VERDADE? EXPLIQUE SUA RESPOSTA.

2. QUE PALAVRAS DO TEXTO FORAM ESCRITAS APENAS COM LETRAS MAIÚSCULAS?

_____

3. COPIE DO TEXTO:
   - O NOME DO ESPORTE;

   _____

   - O NOME DA PERSONAGEM DE CONTO DE FADAS.

   _____

   - O QUE É IGUAL NESSAS PALAVRAS? E O QUE É DIFERENTE?

4. RELEIA ESTA PARTE DO TEXTO COM O PROFESSOR.

> Porém, desde que a prática desse esporte teve início, um grande número de quedas bem feias foi registrado pelo Hospital Real, localizado no centro do Reino dos Reis do Faz de Conta.
> Acredita-se que o aumento de acidentes esteja ligado às denúncias de cabelos postiços da senhorita Rapunzel.

- OBSERVE AS PALAVRAS DESTACADAS EM AZUL. VOCÊ SABE EXPLICAR POR QUE ELAS COMEÇAM COM LETRA MAIÚSCULA?

_____

_____

- COPIE AS PALAVRAS ESCRITAS COM **R** INICIAL.

_____

_____

- O SOM DA LETRA **R** NESSAS PALAVRAS É:

  ☐ FRACO.

  ☐ FORTE.

5. ENCONTRE O NOME DESTA IMAGEM NO TEXTO E ESCREVA-O.

_____

- O SOM DE **RR** NESSA PALAVRA É:

  ☐ FRACO.

  ☐ FORTE.

- ESCREVA CADA SÍLABA DESSA PALAVRA EM UM QUADRINHO.

  ☐ ☐

223

6. ESCREVA O NOME DAS IMAGENS.

- O QUE AS PALAVRAS TÊM EM COMUM?

- COMPARE O NOME DESTAS IMAGENS. O QUE VOCÊ PERCEBEU?

- DIGA PALAVRAS COMEÇADAS PELA LETRA **R** PARA O PROFESSOR ESCREVER NA LOUSA. DEPOIS, COPIE-AS NO CADERNO.

7. O NOME DE ALGUM ALUNO DA TURMA COMEÇA PELA LETRA **R**?

A LETRA H

1. VOCÊ JÁ OUVIU FALAR NA HIENA? O QUE SABE SOBRE ESSE ANIMAL? LEIA O TEXTO COM O PROFESSOR.

AS HIENAS SÃO CRIATURAS FORTES, PARECIDAS COM CÃES, QUE VIVEM NA ÁFRICA E NA ÍNDIA. EMBORA SEJAM NECRÓFAGAS, ELAS TAMBÉM CAÇAM FILHOTES DE HIPOPÓTAMOS, GAZELAS, ZEBRAS [...] E ANTÍLOPES. O ESTÔMAGO DE UMA HIENA-PINTADA PODE CONTER ATÉ 15 QUILOS DE CARNE. ASSIM, ELA É CAPAZ DE PASSAR VÁRIOS DIAS SEM COMIDA.

[...]

LYNN HUGGINS-COOPER. *CRIATURAS SURPREENDENTES*. SÃO PAULO: ZASTRAS, 2010. P. 25.

> **NECRÓFAGO:** QUE SE ALIMENTA DA CARNE DE ANIMAIS MORTOS.

- ONDE AS HIENAS VIVEM? CIRCULE NO TEXTO.
- DO QUE AS HIENAS SE ALIMENTAM?

_____
_____
_____

- POR QUE ELAS CONSEGUEM FICAR VÁRIOS DIAS SEM COMIDA?

2. COPIE DO TEXTO AS PALAVRAS QUE COMEÇAM COM A LETRA **H**.

_____

- LEIA AS PALAVRAS QUE VOCÊ ESCREVEU.
- LEIA TAMBÉM ESTES NOMES.

| HAMILTON | HUGO | HELOÍSA | HENRIQUE |
| HILDA | HELENA | HOMERO | HEITOR |

CONVERSE COM OS COLEGAS.
- QUE LETRAS VÊM LOGO DEPOIS DO **H** NAS PALAVRAS QUE VOCÊ LEU?
- ESSAS LETRAS SÃO VOGAIS OU CONSOANTES?
- A LETRA **H**, NO INÍCIO DA PALAVRA, MUDA O SOM DA VOGAL QUE VEM LOGO DEPOIS DELA?
- PINTE A INFORMAÇÃO CORRETA.

NO INÍCIO DA PALAVRA, A LETRA **H** NÃO TEM SOM.

NO INÍCIO DA PALAVRA, A LETRA **H** TEM SOM.

3. O NOME DE ALGUM ALUNO DA TURMA COMEÇA PELA LETRA **H**?

_____

_____

4. COPIE DO TEXTO A PALAVRA EM QUE A LETRA **H** NÃO ESTÁ NO INÍCIO.

_____

ORALIDADE

RECONTO ORAL

RECORTE AS CARTELAS DO **MATERIAL COMPLEMENTAR** DA PÁGINA 255.

O PROFESSOR CONTARÁ A HISTÓRIA DA RAPUNZEL DAS PÁGINAS 230 A 233 E VOCÊS MOSTRARÃO A CARTELA CORRESPONDENTE A CADA PARTE.

VAMOS TROCAR?

AGORA O PROFESSOR MOSTRARÁ UMA CARTELA DE CADA VEZ E VOCÊS CONTARÃO A HISTÓRIA.

VAMOS TROCAR DE NOVO?

FORMEM GRUPOS DE SEIS ALUNOS.

CADA UM FICA COM UMA CARTELA E CONTA A PARTE DA HISTÓRIA MOSTRADA NA CENA.

LEVE AS CARTELAS PARA CASA.

SERÁ QUE SEUS FAMILIARES JÁ CONHECEM A HISTÓRIA DA RAPUNZEL?

USANDO AS CARTELAS, CONTE A HISTÓRIA PARA ELES.

PRODUÇÃO DE TEXTO

ESCRITA COLETIVA DE UM NOVO FINAL PARA A HISTÓRIA

VOCÊ E OS COLEGAS VÃO ESCREVER, COM A AJUDA DO PROFESSOR, UM NOVO FINAL PARA UMA HISTÓRIA QUE TEM A CHAPEUZINHO VERMELHO, A VOVÓ E O LOBO COMO PERSONAGENS.

PLANEJAMENTO

OBSERVE A CAPA DO LIVRO. LEIA O TÍTULO DA HISTÓRIA E CONVERSE COM OS COLEGAS.

- O QUE VOCÊS IMAGINARAM?
- O LOBO TEM CARA DE MAU OU DE BONZINHO?
- SERÁ QUE O LOBO VAI SE DAR BEM NO FINAL DESSA HISTÓRIA?

ESCRITA

OBSERVE A CENA DA PÁGINA SEGUINTE E CONVERSE COM OS COLEGAS.

- ONDE ESTÃO OS PERSONAGENS?
- O QUE ELES ESTÃO FAZENDO?
- O QUE A EXPRESSÃO DO ROSTO DE CADA PERSONAGEM REVELA?
- COMO VOCÊ ACHA QUE A HISTÓRIA VAI TERMINAR?
- O QUE SERÁ QUE O LOBO VAI FAZER?

RECORTE A ÚLTIMA CENA DO **MATERIAL COMPLEMENTAR** DA PÁGINA 255 E COLE-A NO QUADRO EM BRANCO.

DEPOIS, CONTE O FINAL DA HISTÓRIA AO PROFESSOR PARA QUE ELE O ESCREVA NA LOUSA.

COPIE O TEXTO NO CADERNO OU EM UMA FOLHA DE PAPEL.

CONCLUSÃO

CONTE PARA UMA PESSOA DE SUA FAMÍLIA A HISTÓRIA QUE VOCÊ ESCREVEU.

OUTRA LEITURA

VOCÊ CONHECE A HISTÓRIA DA RAPUNZEL?
OUÇA A LEITURA DO PROFESSOR.

RAPUNZEL

ERA UMA VEZ UM CASAL QUE QUERIA MUITO TER UM FILHO, POR ISSO OS DOIS FICARAM FELIZES AO SABER QUE EM BREVE TERIAM UM BEBÊ.

NA CASA VIZINHA, CERCADO POR UM MURO BEM ALTO, HAVIA UM ENORME QUINTAL CHEIO DE FRUTAS GOSTOSAS. NINGUÉM SE ATREVIA A ENTRAR NELE, POIS PERTENCIA A UMA TERRÍVEL FEITICEIRA.

UM DIA, A POBRE MULHER SENTIU UMA VONTADE IRRESISTÍVEL DE COMER AS BELAS MAÇÃS DO QUINTAL DA VIZINHA. ELA TANTO INSISTIU QUE O MARIDO, MUITO AMOROSO, ARRISCOU-SE A IR COLHÊ-LAS. MAS LOGO APARECEU A FEITICEIRA:

– COMO SE ATREVE A ENTRAR EM MEUS DOMÍNIOS E ROUBAR MINHAS MAÇÃS? – PERGUNTOU, FURIOSA.

– DESCULPE-ME, SENHORA. TIVE DE VIR PORQUE MINHA ESPOSA, QUE ESTÁ GRÁVIDA, VIU AS MAÇÃS DA JANELA E DESEJOU MUITO COMÊ-LAS.

- O QUE VOCÊ ACHA QUE A FEITICEIRA VAI FAZER?

– POIS LEVE QUANTAS VOCÊ QUISER, MAS EM TROCA FICAREI COM O BEBÊ.

O POBRE HOMEM, ASSUSTADO, FUGIU CORRENDO COM AS MÃOS CHEIAS DE MAÇÃS. NÃO SUPÔS QUE A BRUXA REALMENTE VIESSE BUSCAR SEU BEBÊ. MAS, QUANDO A FILHA NASCEU, A FEITICEIRA APARECEU E LEVOU A LINDA MENINA. CHAMOU-A DE RAPUNZEL.

RAPUNZEL TORNOU-SE UMA LINDA MOÇA. COMO A BRUXA NUNCA LHE CORTAVA O CABELO, SUAS TRANÇAS ALCANÇAVAM O CHÃO. AO COMPLETAR DOZE ANOS, A FEITICEIRA PRENDEU-A NUMA TORRE NO MEIO DA FLORESTA. A TORRE NÃO TINHA ESCADAS NEM PORTAS, SOMENTE UMA PEQUENA JANELA NO ALTO. CADA VEZ QUE A FEITICEIRA QUERIA SUBIR, ELA GRITAVA:

– RAPUNZEL, JOGUE-ME SUAS TRANÇAS!

- COMO VOCÊ ACHA QUE RAPUNZEL SE SENTIA PRESA NA TORRE?

SOZINHA NA TORRE, RAPUNZEL CANTAVA LINDAS CANÇÕES. CERTO DIA, UM PRÍNCIPE QUE CAÇAVA NA FLORESTA OUVIU O CANTO DA MENINA.

DEPOIS, VIU A FEITICEIRA SE APROXIMAR, GRITAR E SUBIR NA TORRE POR DUAS LONGAS TRANÇAS.

IMITANDO A VOZ DA BRUXA, PEDIU QUE RAPUNZEL LHE JOGASSE AS TRANÇAS.

ELA JOGOU-AS E O JOVEM SUBIU. VENDO A BELEZA E O ENCANTO DE RAPUNZEL, O PRÍNCIPE APAIXONOU-SE POR ELA E TODOS OS DIAS IA VISITÁ-LA. PLANEJARAM ATÉ FUGIR JUNTOS.

- O QUE VOCÊ ACHA QUE VAI ACONTECER SE A FEITICEIRA DESCOBRIR O PLANO DELES?

232

UM DIA, A FEITICEIRA DESCOBRIU O PLANO DOS DOIS E FICOU FURIOSA. CORTOU AS TRANÇAS DE RAPUNZEL E LEVOU A MENINA EMBORA DALI. ENTÃO, ESPEROU PELO PRÍNCIPE PARA SE VINGAR. QUANDO ELE CHEGOU À TORRE, ELA LHE JOGOU AS TRANÇAS E ELE SUBIU. AO VER A FEITICEIRA, FICOU DESESPERADO E PULOU DA TORRE. O JOVEM PRÍNCIPE CAIU EM CIMA DE UM ESPINHEIRO, MACHUCOU-SE E FICOU CEGO.

MESMO CEGO, O PRÍNCIPE PASSOU A VAGAR PELO MUNDO À PROCURA DE RAPUNZEL. UM DIA, PORÉM, CHEGOU AO DESERTO ONDE A FEITICEIRA ABANDONARA A MENINA. OUVIU UM BELO CANTO E RECONHECEU A VOZ DA AMADA. SUA EMOÇÃO FOI TÃO GRANDE QUE ELE VOLTOU A ENXERGAR.

FELIZ POR TÊ-LA ENCONTRADO, O PRÍNCIPE LEVOU RAPUNZEL PARA O SEU REINO, ONDE SE CASARAM E VIVERAM MUITO FELIZES.

CONTOS ETERNOS. BELO HORIZONTE: LEITURA, 2001. P. 145-146, 148, 150, 152, 154, 155-156, 158 E 160.

- O QUE SERÁ QUE ACONTECEU COM A FEITICEIRA? IMAGINE E CONTE AOS COLEGAS.

RETOMADA

1. ACOMPANHE A LEITURA DO PROFESSOR. DEPOIS ESCREVA A QUE CONTO PERTENCE ESTE TRECHO.

[...]
"ENTÃO VOU SOPRAR, E VOU BUFAR, E SUA CASA REBENTAR."
BEM ELE SOPROU, E BUFOU, E SOPROU E BUFOU, E BUFOU E SOPROU; MAS NÃO CONSEGUIU PÔR A CASA ABAIXO. [...]

MARIA TATAR (ORG.). *CONTOS DE FADAS*. TRADUÇÃO MARIA LUIZA BORGES. RIO DE JANEIRO: ZAHAR, 2013. P. 222 (CLÁSSICOS ZAHAR).

_____

_____

2. VAMOS RELEMBRAR ALGUNS PERSONAGENS DE CONTOS. RESPONDA:

- QUEM FOI LEVADA POR UMA FEITICEIRA QUANDO NASCEU?

_____

- QUEM COMEU O MINGAU DO URSINHO?

_____

- QUEM USAVA UM CAPUZ DE VELUDO VERMELHO?

_____

3. ESTA É A ÚLTIMA ATIVIDADE DE SEU LIVRO DO 1º ANO. USE O ESPAÇO ABAIXO PARA MOSTRAR O QUE VOCÊ JÁ SABE ESCREVER.

- LEIA PARA OS COLEGAS O QUE VOCÊ ESCREVEU.

PERISCÓPIO

📖 PARA LER

O GATO DE BOTAS, DE CHARLES PERRAULT, EVEREST, 2011.
CONTA A HISTÓRIA DE UM GATO DEIXADO COMO HERANÇA PARA O CAÇULA DE TRÊS IRMÃOS.

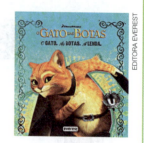

▶ PARA ASSISTIR

DEU A LOUCA NA CHAPEUZINHO 2, DIREÇÃO DE MIKE DISA, EUA, 2011.
NESSA HISTÓRIA, CHAPEUZINHO VERMELHO TEM A MISSÃO DE SALVAR A VOVOZINHA, QUE FOI APRISIONADA E ENFRENTA PROBLEMAS COM O LOBO.

VALENTE, DIREÇÃO DE MARK ANDREWS E BRENDA CHAPMAN, EUA, 2012.
A JOVEM PRINCESA MERIDA FOI CRIADA PARA SER A SUCESSORA PERFEITA DA MÃE NO CARGO DE RAINHA. MAS ELA NÃO TEM VOCAÇÃO PARA ESSA VIDA CHEIA DE NORMAS E FRU-FRUS. GOSTA MESMO É DE AVENTURAS.

REFERÊNCIAS

BELINKY, Tatiana. *Cinco trovinhas para duas mãozinhas*. São Paulo: Editora do Brasil, 2008.

BUENO, Renata. *Cachorro tem dia de cão?* São Paulo: Editora do Brasil, 2012.

CAMARGO, Maria Amália. *Simsalabim*. São Paulo: Caramelo, 2013.

CASTRO, Haroldo; PAULINO, Gisele. Alameda dos baobás em Madagascar compõe uma das paisagens mais belas do planeta. *Época*, 18 nov. 2015. . Disponível em: <http://epoca.globo.com/colunas-e-blogs/viajologia/noticia/2015/11/alameda-dos-baobas-em-madagascar-compoe-uma-das-paisagens-mais-belas-do-planeta.html>. Acesso em: 23 ago. 2017.

Contos eternos. Belo Horizonte: Leitura, 2001.

Fundação lança primeira biblioteca *on-line* para cegos do Brasil. *Folha de S.Paulo*, 26 ago. 2015. Disponível em: <www1.folha.uol.com.br/folhinha/2015/08/1673555-fundacao-lanca-primeira-biblioteca-on-line-para-cegos-do-brasil.shtml>. Acesso em: 23 ago. 2017.

FURNARI, Eva. *Listas fabulosas*. Ilustrações da autora. 1. ed. São Paulo: Moderna, 2013. (Série Miolo Mole).

_____. *Travadinhas*. Ilustrações da autora. 3. ed. São Paulo: Moderna, 2011. (Série Miolo Mole).

HUGGINS-COOPER, Lynn. *Criaturas surpreendentes*. São Paulo: Zastras, 2010.

LA FONTAINE, Jean de. *Fábulas de Esopo*. Adaptação de Lúcia Tulchinski. São Paulo: Scipione, 2010.

LAERTE. Lola. *Folha de S.Paulo*, 16 jan. 2016. Disponível em: <www1.folha.uol.com.br/folhinha/2016/01/1729987-e-se-o-cebolinha-entrasse-em-crise-veja-tirinhas-da-folhinha.shtml>. Acesso em: 23 ago. 2017.

LAGO, Samuel Ramos. *Lixo e reciclagem*. Curitiba: Nossa Cultura, 2009.

LEITÃO, Mércia Maria. *Van Gogh e o passarinho Téo*. São Paulo: Editora do Brasil, 2010.

LIMA, Heloisa Pires; GNEKA, Georges; LEMOS, Mário. *A semente que veio da África*. Ilustrações de Véronique Tadjo. São Paulo: Salamandra, 2005.

MELO, Ana Cristina. *O menino, o bilhete e o vento*. Rio de Janeiro: Bambolê, 2015.

Moradora do DF esquece carro aberto e é surpreendida com bilhete de homem que fechou o veículo. R7, 27 set. 2013. *R7*. Disponível em: <http://noticias.r7.com/distrito-federal/moradora-do-df-esquece-carro-aberto-e-e-surpreendida-com-bilhete-de-homem-que-fechou-o-veiculo-27092013>. Acesso em: 23 ago. 2017.

PAES, José Paulo. *Uma letra puxa a outra*. São Paulo: Companhia das Letrinhas, 2006.

Recreio Especial: Tirinhas. São Paulo: Abril, n. 389, [s.d.].

ROCHA, Ruth. *Palavras, muitas palavras*. Ilustrações de Raul Fernandes. 15. ed. São Paulo: Salamandra, 2013.

ROSINHA. *ABC do trava-língua*. São Paulo: Editora do Brasil, 2012.

_____. *Adivinha só!* São Paulo: Editora do Brasil, 2012.

RUBEM, Jackson. *O Brasileirinho*, 22 out. 2016. Disponível em: <www.obrasileirinho.com.br/bebe-mais-feliz-mundo-menina-prematura>. Acesso em: 23 ago. 2017.

Saiba o que é braille, audiodescrição e outros recursos para cegos. *Folha de S.Paulo, 2 maio 2015.*: Disponível em: <www1.folha.uol.com.br/folhinha/2015/05/1623191-entenda-o-que-e-audiodescricao-braille-e-outros-recursos-para-cegos.shtml>. Acesso em: 23 ago. 2017.

SISTO, Celso (Org.). *Histórias de cantigas*. São Paulo: Cortez, 2012.

SOMBRA, Fábio. *Mamão, melancia, tecido e poesia*. São Paulo: Moderna, 2013. E-book.

_____. *Onça, veado, poesia e bordado*. São Paulo: Moderna, 2013. E-book.

SOUSA, Mauricio de. *Almanaque Historinhas de Uma Página*, Barueri: Panini, n. 3, set. 2008.

_____. *Almanaque Historinhas sem Palavras*, Barueri: Panini, n. 6, nov. 2013.

_____. *Mônica*. São Paulo: Globo, 2006. (Coleção As Melhores Tiras).

TATAR, Maria (Org.). *Contos de fadas*: edição bolso de luxo. Trad. Maria Luiza X. de A. Borges. Rio de Janeiro: Zahar, 2010. (Clássicos Zahar).

TATAR, Maria (Org.). *Contos de fadas*. Trad. Maria Luiza X. de A. Borges. Rio de Janeiro: Zahar, 2013. (Clássicos Zahar).

ZIGG, Ivan. *O livro do Rex*. Rio de Janeiro: Nova Fronteira, 2013. E-book.

MATERIAL COMPLEMENTAR
UNIDADE 1 – PÁGINA 7

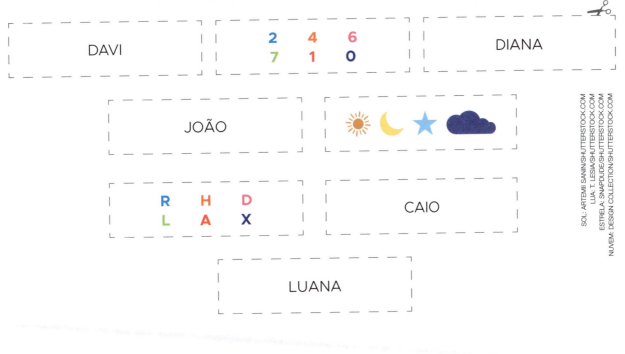

UNIDADE 1 – PÁGINA 13

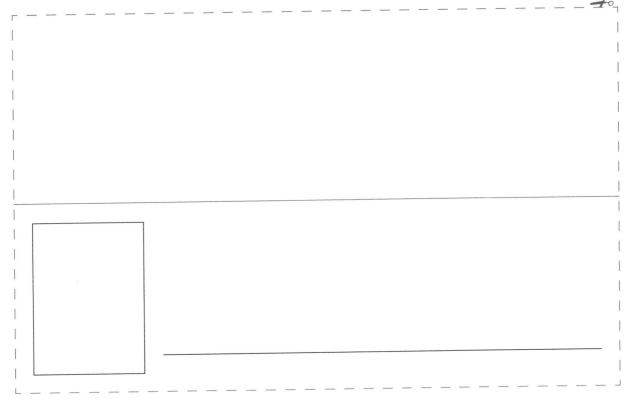

UNIDADE 1 – PÁGINA 13

A	A	A	A	B
B	B	C	C	C
C	D	D	D	E
E	E	E	F	F
F	G	G	H	I
I	I	I	J	J

K	K	L	L	M
M	N	N	O	O
O	O	P	P	Q
Q	R	R	S	S
T	T	U	U	U
V	V	W	W	X
X	Y	Y	Z	Z

UNIDADE 2 – PÁGINA 48

PÁGINA 52 – ILUSTRAÇÕES

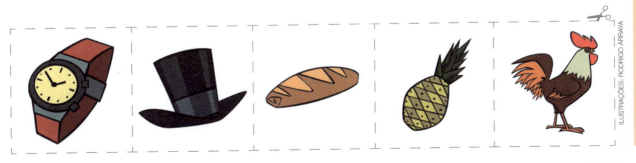

245

UNIDADE 3 – PÁGINA 62

VOLTA E MEIA, VAMOS DAR.

VAMOS DAR A MEIA-VOLTA

VAMOS TODOS CIRANDAR

CIRANDA, CIRANDINHA

UNIDADE 3 – PÁGINA 67

PAPAGAIO

PERA

PANELA

PÔNEI

PITANGA

POTE

PATO

PAPAIA

PULSEIRA

PULGA

PEPINO

PIANO

247

UNIDADE 4 – PÁGINA 110

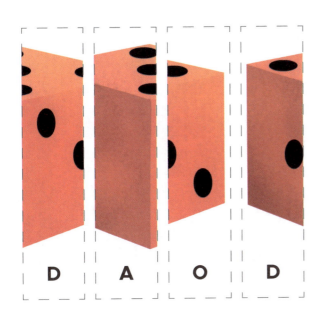

D A O D

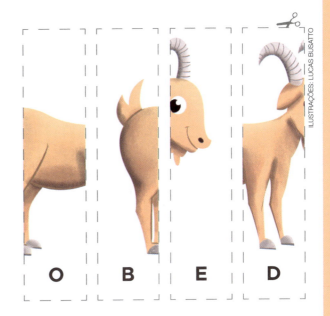

O B E D

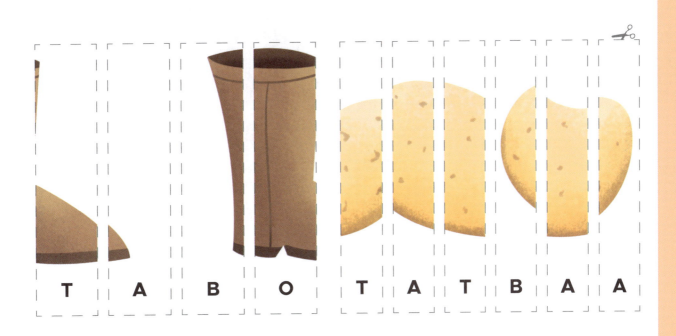

T A B O T A T B A A

UNIDADE 5 – PÁGINA 129

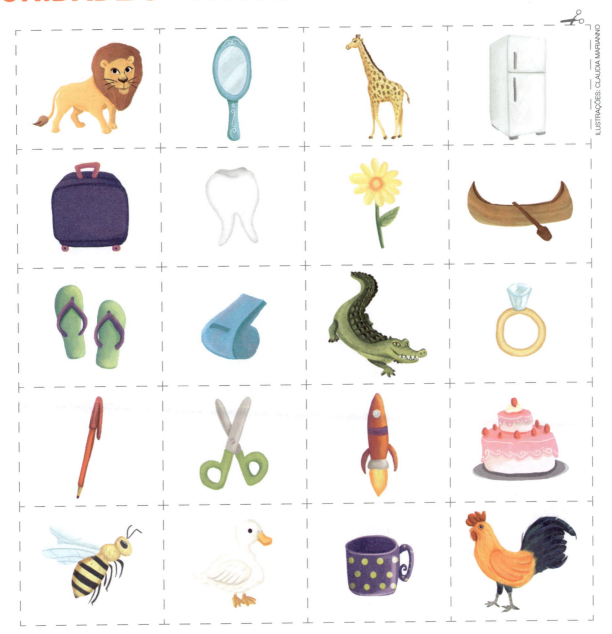

UNIDADE 5 – PÁGINA 142

VEM COMER NA MINHA MÃO.

UPA, UPA, CAVALINHO,

VEM CORRENDO LIGEIRINHO,

MEU POTRINHO ALAZÃO.

UNIDADE 6 – PÁGINA 162

UNIDADE 7 – PÁGINA 191

TEO	TATU	ZEBRA	JOÃO
TAPETE	JANELA	XÍCARA	JIBOIA
PAULO	PATO	ZABUMBA	NATÁLIA
PIANO	SOFÁ	XAIANE	SAPO
FACA	NAVIO	XEXÉU	SOFIA
FÁBIO	FOCA	NAJA	ZÉLIA

UNIDADE 8 – PÁGINA 227

UNIDADE 8 – PÁGINA 229

255